F
3590

AF459673

UNIVERSITÉ DE PARIS — FACULTÉ DE DROIT

LA LÉGION D'HONNEUR

LÉGISLATION & CONTENTIEUX

THÈSE POUR LE DOCTORAT

présentée et soutenue

le Lundi 19 Février 1900, à 2 heures 1/2

PAR

Edwards RAGON

Président : M. PILLET.

Suffragants { MM. LESEUR, SAUZET, } *professeurs.*

PARIS
LIBRAIRIE NOUVELLE DE DROIT ET DE JURISPRUDENCE
ARTHUR ROUSSEAU
ÉDITEUR
14, rue Soufflot, et rue Toullier, 13

1900

BIBLIOTHÈQUE NATIONALE
RF
IMPRIMÉS

THÈSE

POUR LE

DOCTORAT

F
13590

La Faculté n'entend donner aucune approbation ni improbation aux opinions émises dans les thèses ; ces opinions doivent être considérées comme propres à leurs auteurs.

UNIVERSITÉ DE PARIS — FACULTÉ DE DROIT

LA LÉGION D'HONNEUR

DON N° 97207

LÉGISLATION & CONTENTIEUX

THÈSE POUR LE DOCTORAT

L'ACTE PUBLIC SUR LES MATIÈRES CI-APRÈS

Sera soutenu le Lundi 19 Février 1900, à 2 heures 1/2

PAR

Edwards RAGON

Président : M. PILLET.

Suffragants { MM. LESEUR, SAUZET, } *professeurs.*

PARIS
LIBRAIRIE NOUVELLE DE DROIT ET DE JURISPRUDENCE
ARTHUR ROUSSEAU
ÉDITEUR
14, rue Soufflot, et rue Toullier, 13

1900

A MON PÈRE

A MA MÈRE

A MA GRAND'MÈRE

PRÉFACE

Depuis le XVIIIe siècle, l'esprit français a eu généralement une tendance très prononcée à atténuer les peines. La Légion d'honneur, dont la législation a été profondément remaniée depuis 1873, offre, au contraire, cette particularité qu'elle a sensiblement étendu le champ d'application de ses mesures disciplinaires.

Tout en reconnaissant que la législation ancienne présentait, en effet, des lacunes qu'il était utile de combler, il faut bien reconnaître aussi que cette tendance récente n'est peut-être pas tout à l'avantage de notre institution.

Comme nous le verrons, l'époque la plus glorieuse de la Légion d'honneur coïncide précisément avec la période d'origine, où la législation était le plus imparfaite. A ses débuts, comme tout organisme jeune, la Légion d'honneur eut une très grande force de vitalité. Les membres qui la composaient, choisis avec le plus grand soin, étaient suffisamment pénétrés des devoirs qui leur incombaient, pour que les lacunes de ses statuts ne pussent constituer un danger.

Mais peu à peu, avec la succession des régimes politiques, la composition de l'Ordre s'est trouvée modifiée. Chaque gouvernement apportait régulièrement avec lui son contingent de nouveaux élus, dont beaucoup n'avaient d'autre titre à la décoration que leur attachement réel ou supposé pour le pouvoir. Ceux à qui le hasard d'une influence politique donnait ainsi accès dans l'Ordre, pouvaient-ils avoir de leurs obligations de légionnaires une conception bien élevée ? L'expérience avait surabondamment prouvé que non ; mais la législation ancienne, conçue pour une petite élite, ne correspondait plus à la composition actuelle et était impuissante à arrêter les nombreux abus qui se produisaient.

La législation récente a entrepris à la fois d'assurer une meilleure composition de l'Ordre et de fortifier l'exercice de l'action disciplinaire.

Cette législation, qui a commencé avec la loi du 25 juillet 1873, est généralement peu connue ; nous nous sommes proposé de l'étudier dans ce travail.

INTRODUCTION

HISTOIRE DE LA LÉGION D'HONNEUR

—

I. — Création de la Légion d'honneur.

On comptait en France avant la Révolution de nombreux ordres de chevalerie :

L'ordre de Saint-Michel institué par Louis XI en 1469 ;

L'ordre du Saint-Esprit créé par Henri IV (1578-1579) ;

L'ordre du Mont-Carmel, fondé en 1608 également par Henri IV qui lui rattacha les ordres royaux, militaires et hospitaliers de Saint-Lazare et de Jérusalem institués à l'époque des croisades ;

L'ordre de Saint-Louis, créé par Louis XIV en 1693 pour récompenser les services militaires. Il était ouvert aux seuls catholiques qui comptaient 28 ans de service comme officiers ou avaient accompli une action d'éclat ;

L'ordre du Mérite militaire fondé par Louis XV, le

10 mars 1759 pour les officiers qui appartenaient à la religion protestante.

Il y avait enfin un ordre étranger tellement répandu en France, qu'on avait pu soutenir à la fin du XVIIIe siècle, que toute l'influence et le commerce français dans le Levant étaient attachés à son existence, c'était l'ordre de Malte.

Tous ces ordres de chevalerie portaient profondément l'empreinte de l'ancien régime ; tous, reposant sur des prérogatives de naissance, de rang ou de noblesse, rappelaient les privilèges abolis ; au lendemain de la Révolution leur suppression s'imposait au nom du principe d'égalité.

La loi des 30 juillet-6 août 1791 décida dans son article 1er que « tout ordre de chevalerie ou autre, toute corporation, toute décoration, tout signe extérieur qui suppose des distinctions de naissance seraient supprimés en France ; qu'il ne pourrait en être établi de semblables dans l'avenir. »

Toutefois, dans son article 2, elle épargnait la « décoration militaire existante », expression qui visait à la fois l'ordre de Saint-Louis, et l'ordre du Mérite militaire qui tendaient à se confondre. Ces deux ordres présentaient bien le grave inconvénient de ne pas être applicables au soldat comme à l'officier, mais malgré de nombreux abus, ils étaient généralement réservés au mérite personnel et aux longs services.

Du reste, ils ne tardèrent pas à être frappés eux-mêmes, la loi des 15-17 octobre 1792 les supprima et un décret de la Convention Nationale des 28-29 brumaire an II, déclara suspects tous les ci-devant décorés qui n'auraient pas, dans les huit jours, déposé à la municipalité les titres et les insignes de leurs décorations.

Cependant, la Convention n'entendait pas pour cela renoncer à tout système de récompense nationale, mais elle les choisit à l'imitation des républiques antiques. Elles devaient consister en couronnes, motions patriotiques, adresses de félicitation, érections de statues et funérailles aux frais de l'État.

La Constitution de l'an VIII vint également, dans une formule très générale, consacrer le principe d'une récompense, mais sans déterminer sa nature. Son article 87 portait : « Il sera décerné des récompenses nationales aux citoyens qui auront rendu des services éclatants en combattant pour la République. » Un arrêté des Consuls du 4 nivôse an VIII décida, en exécution de cet article, la création des « armes d'honneur ».

C'était une innovation qu'avait expérimentée le général Bonaparte à l'armée d'Italie ; elle consistait dans la distribution de fusils, sabres, mousquetons, haches d'abordage, trompettes, baguettes, etc.

Beaucoup d'armes d'honneur furent ainsi distribuées, mais elles n'eurent, en somme, qu'assez peu de succès. On leur reprochait d'abord leur caractère trop étroit qui les rendait inapplicables à tous ceux qui n'étaient pas militaires. De plus, distribuées en présence des troupes, elles étaient bien pour ceux qui les avaient méritées une précieuse récompense et pour les autres un objet de généreuse émulation, mais leur effet s'arrêtait là, il était limité à l'activité de service, et les brevetés de retour dans leurs foyers, inconnus, isolés, n'avaient rien qui put les désigner partout à la reconnaissance et à l'estime publiques.

La création des armes d'honneur n'avait été, en réalité, qu'un mode d'exécution provisoire de l'article 87 de la Constitution de l'an VIII, le Premier Consul pensa que l'état de paix qui succédait à des guerres glorieuses permettait et faisait même un devoir à la nation de s'acquitter plus largement de sa dette de reconnaissance.

L'organisation des récompenses nationales faisait partie du vate plan de rénovation de la société, qu'il avait formé ; il avait déja remanié l'instruction publique, il avait établi sur des bases nouvelles les rapports de l'Église et de l'État, il allait maintenant créer la Légion d'honneur.

Il est intéressant de citer dans quelles circonstances se précisèrent les projets qu'il méditait depuis longtemps. Nous le ferons sous la foi des historiens de l'époque, notamment de Mazas (1).

(1) La Légion d'honneur. — Thiers, *Histoire du Consulat et de l'Empire.*

La République alors en paix avec toutes les puissances de l'Europe commençait à être fort accréditée parmi elles, à cause de ses victoires récentes et du rôle qu'elle semblait appelée à jouer dans le monde. Aussi les ambassadeurs étrangers reçus par le gouvernement étaient-ils très nombreux. Tous se rendaient au Tuileries parés de brillants uniformes, dont l'éclat était encore rehaussé par des décorations multiples. Le Premier Consul aurait été frappé de l'impression profonde que causaient ces signes extérieurs sur son entourage et sur le peuple de Paris, et le soir même d'une de ces réceptions il s'en serait entretenu à la Malmaison avec ses familiers.

Cette origine prêtée à la Légion d'honneur pour être un peu anecdotique ne nous en semble pas moins assez vraisemblable. Il est naturel qu'au moment de créer un système de récompenses nationales sur des bases entièrement nouvelles, le Premier Consul se soit inspiré de l'exemple des puissances étrangères et il est certain que l'accueil fait en France à leurs décorations devait être pour lui une indication précieuse.

Après avoir longuement discuté le projet dans un petit cercle d'amis, il chargea le conseiller d'État Rœderer de rédiger un exposé des motifs qui fut lu au Conseil d'État, le 14 floréal an X (4 mai 1802).

Le projet comportait deux titres.

Le premier disposait « qu'en exécution de l'article 87 de la Constitution concernant les récompenses militaires et pour récompenser aussi les services et les vertus civils, il serait formé une Légion d'honneur ».

Cette légion serait composée d'un Grand Conseil d'administration et de quinze cohortes, dont chacune aurait son chef-lieu particulier. Il serait affecté à chaque cohorte des biens nationaux portant 200,000 livres de rente.

Il réglait ensuite la composition du Grand Conseil d'administration, l'organisation de chaque cohorte, les différents grades de la Légion avec le traitement qui leur serait affecté.

Enfin, il fixait les termes du serment : « Chaque membre jurerait sur son honneur de se dévouer au service de la République, à la conservation de son territoire dans son intégrité, à la défense de son gouvernement, de ses lois et des propriétés qu'elles ont consacrées, de combattre par tous les moyens que la justice, la raison et les lois autorisent toute entreprise tendant à rétablir le régime féodal, à reproduire les titres et qualités qui en étaient l'attribut; enfin de concourir de tout son pouvoir au maintien de la liberté et de l'égalité. »

Le titre second traitait des conditions d'admission et d'avancement dans l'ordre en temps de paix et en temps de guerre, et son article 10 indiquait que les détails de l'organisation générale ne seraient définitivement fixés qu'au 1er vendémiaire an XII.

Le Premier Consul vint au Conseil d'État défendre

lui-même son projet. Il parla de la nécessité de créer dans la nation des institutions solides après une révolution qui avait tout détruit, et dont les bienfaits ne pouvaient pas encore être considérés comme définitivement acquis. Qu'adviendrait-il des conquêtes réalisées depuis 1789, au cas d'une entente toujours possible et toujours menaçante de la noblesse, du clergé et des Vendéens ? Pour faire face à ce péril, il montrait le parti politique qui avait fait la Révolution, sans système, sans cohésion, discrédité presque dans l'opinion, car aux yeux de la population lasse et blasée qu'avait laissée derrière lui le Directoire, le principal mérite pour un homme politique était de n'avoir point pris part aux luttes anciennes.

Pour prévenir la réaction, pour maintenir au pouvoir la génération qui avait fait la Révolution, il fallait créer comme intermédiaire entre le gouvernement et la nation un corps puissant et respecté, composé de tous ceux que le mérite ou les services rendus auraient signalés à l'attention, un ordre d'élite qui serait pour le gouvernement à la fois le plus sûr appui et le plus sérieux élément d'influence. Ce corps, ce serait la Légion d'honneur et le serment que devait prêter chacun de ses membres était le plus sûr garant du noble but qu'elle était appelée à réaliser (1).

Mais même au sein du Conseil d'État qui était cepen-

(1) Thiers, op. cit.

dant l'assemblé préférée du Premier Consul (1), l'institution nouvelle allait rencontrer une vive opposition. Présentée comme un auxiliaire des idées républicaines, elle allait précisément trouver comme adversaires tous ceux qui représentaient le parti fidèle à la Révolution : Thibaudeau, Berlier, Truguet, Emmery, Bérenger...

On soutint que la création d'un ordre de la Légion d'honneur blessait l'égalité, qu'elle allait recommencer l'aristocratie détruite, qu'elle consacrait purement et simplement un retour à l'ancien régime. On critiqua son serment qu'on trouvait inutile puisqu'il n'imposait que des obligations communes à tous les citoyens. On allégua enfin, que la Constitution de l'an VIII n'avait parlé que d'un système de récompenses militaires et qu'en exécution de l'article 87 de cette Constitution, on ne devait pas accorder de récompenses aux services civils beaucoup moins précis et moins faciles à déterminer que les services militaires.

Le Premier Consul répondit victorieusement à toutes ces objections. A Berlier, qui estimait que « la croix et les rubans sont des hochets bons pour la monarchie », il faisait cette réponse bien connue : « Je défie qu'on me montre une république ancienne ou moderne, où il n'y a pas eu de distinctions. On appelle cela des hochets ; eh bien ! c'est avec des hochets qu'on mène les hommes. » Puis il montra qu'une distinction toute per-

(1) Thiers, op. cit.

sonnelle et viagère comme la Légion d'honneur, accordée uniquement au mérite ne blessait pas l'égalité et ne pouvait être accusée de viser à la restauration d'une aristocratie, puisqu'elle ne conférait aucun pouvoir, aucune prérogative politique.

Il insista surtout enfin sur la nécessité de récompenser indistinctement les services civils et militaires. Il rappela notamment que, depuis 1789, les événements politiques avaient suffisamment prouvé que la fermeté et la constance nécessaires au sein des assemblées n'étaient pas indignes d'entrer en comparaison avec le courage militaire. Il montra que si la France jouissait d'un grand prestige dans le monde, elle ne le devait pas seulement aux victoires remportées par ses armées, mais aussi au renom de ses grands hommes, au génie de ses savants et de ses artistes. Il proclama que les mérites étaient tous frères et tous également dignes de la reconnaissance nationale.

La discussion du projet tint trois séances du Conseil d'État. A la dernière, pour empêcher encore sa réussite, Thibaudeau proposa l'ajournement, mais il fut rejeté.

La question portée devant le Tribunat, les mêmes difficultés y furent soulevées et le projet ne fut adopté que par 50 voix contre 38.

Il devait être définitivement consacré au Corps Législatif à la date du 29 floréal an X (10 mai 1802), par une majorité assez faible de 166 voix contre 110.

II. — La Légion d'honneur sous l'Empire.

Si nous nous reportons maintenant à l'époque qui suivit immédiatement la proclamation de l'Empire, nous voyons que d'une façon à peu près générale, l'institution nouvelle provoqua un très vif enthousiasme.

Par les soins des ministres, les listes de légionnaires avaient été dressées ; la première distribution des insignes eut lieu le 26 messidor an XII (anniversaire du 14 juillet ; la fête, qui fut célébrée à cette occasion aux Invalides, eut un éclat incomparable. Le nombre des nouveaux élus avait été fixé à 6,000 et les hommes éminents parmi les savants, les littérateurs, les artistes, les hommes politiques, le clergé, la magistrature, furent tous, de la part du pouvoir, l'objet de flatteuses distinctions.

Cependant l'avènement de l'Empire n'avait pas été sans conséquences au point de vue de la Légion d'honneur. La formule du serment notamment avait dû être modifiée et c'était maintenant, « au service de l'Empire et à la défense de l'empereur », que les légionnaires devaient jurer de se dévouer. Beaucoup renvoyèrent le brevet qui leur était attribué plutôt que de prêter le nouveau serment, d'autres pressentis à cette égard déclinèrent toute nomination (1). Nous reproduisons la

(1) L'amiral Truguet, le maréchal de Rochambeau, La Fayette, le maréchal Augereau.

lettre si digne du poète Lemercier, qui avait été le favori de Bonaparte, Premier Consul, mais qui s'était tenu à l'écart dès la proclamation de l'Empire :

« Au citoyen premier consul Bonaparte, car le nom que vous vous êtes fait est plus mémorable que les titres qu'on vous fait, vous m'avez permis d'approcher assez de votre personne pour qu'une sincère affection pour vous se mêlât à mon admiration pour vos qualités : Je suis donc profondément affligé de ce qu'ayant pu vous placer dans l'histoire au rang des fondateurs, vous préfériez être imitateur. Mes sentiments particuliers, plus que votre autorité, me font, à dater de ce jour, une obligation de me taire. Je fais passer à M. de Lacépède (1) mon brevet de la Légion d'honneur, ne pouvant m'engager par serment à rien de plus qu'à me soumettre aux lois, quelles qu'elles soient, qu'adoptera mon pays, mon dévouement pour lui ne cessera qu'à la mort (2). »

L'empereur ne pardonna jamais au poète, qui fut même persécuté et réduit à la misère.

A part ces manifestations isolées, la Légion d'honneur, récemment créée et jouissant d'un prestige merveilleux, tant à cause du mérite réel des premiers titulaires, que du pompeux appareil qui avait présidé aux nominations, fut un puissant auxiliaire du pouvoir par

(1) Le premier grand-chancelier de l'Ordre.

(2) L'opposition littéraire sous le Consulat, par P. Gaffarel, dans la *Révolution française*, année 1889, 1re partie, p. 426.

la noble émulation qu'elle excita dans la nation. Du reste, l'empereur avait suivi avec libéralité cette adage de Rœderer au Corps Législatif : « semer des récompenses, pour recueillir des vertus ». Sans doute, en augmentant dans des proportions considérables le nombre des légionnaires primitivement fixé à 6,000, Napoléon diminua bien dans une certaine mesure le prix de la Légion d'honneur, mais si l'on considère, que presque toutes les décorations furent accordées pour faits de guerre (1), les campagnes de l'Empire expliquent et justifient une augmentation aussi anormale.

Quoiqu'il en soit, jusqu'aux derniers jours de l'Empire la Légion d'honneur répondit entièrement à la haute conception que s'en était formée son fondateur et l'on peut dire que c'est vraiment à cette époque qu'elle atteignit son apogée.

III. — La Légion d'honneur depuis la chute de l'Empire jusqu'à nos jours.

Le gouvernement de Louis XVIII, dans la charte du 19 juillet 1814, maintint la Légion d'honneur, mais en supprimant le Grand Conseil et les cohortes.

Les anciens ordres royaux de Saint-Louis et du Mérite

(1) Mazas estime à 48,000 le nombre des décorations accordées sous l'Empire ; or, sur ce chiffre, il n'y en eut que 1,400 dans l'ordre civil.

militaire étaient rétablis pour ceux des titulaires de ces ordres qui étaient encore vivants (1).

Mais de graves embarras financiers allaient apporter du trouble dans l'administration de la Légion d'honneur. D'un côté, comme nous l'avons dit, le chiffre des nominations s'était accru dans des proportions considérables; de l'autre, l'ordre se trouvait privé des revenus de biens importants situés dans les provinces cédées en 1815. Nous reviendrons sur ces difficultés budgétaires qui ont également préoccupé dans la suite tous les gouvernements qui se sont succédés. Contentons-nous de dire que les décorations furent d'abord déclarées purement honorifiques et que lorsque le traitement fut peu à peu rétabli, il ne fut plus attribué qu'aux militaires.

Dans l'ordonnance du 26 mars 1816, Louis XVIII résuma et refondit toutes les dispositions antérieures relatives à la Légion d'honneur. Beaucoup des dispositions de cette ordonnance sont passées dans les actes subséquents et demeurent encore en vigueur aujourd'hui.

Mais le mal que nous avons signalé sous l'Empire dans la profusion exagérée des décorations ne fit que s'accroître sous la Restauration et sous les règnes de Charles X et de Louis-Philippe à tel point qu'en 1839, un pair de France, le baron Mounier, usant de son droit

(1) Dès 1820, ces ordres qui n'étaient plus décernés disparurent d'eux-mêmes sans avoir été expressément abrogés.

d'initiative en matière législative, déposa à la Chambre des pairs une proposition ayant pour but de mettre un terme à ces abus. Ce projet intéressant déjà par les réformes qu'il propose, l'est également par l'incident législatif auquel il donna lieu. Voté à la Chambre des pairs et à la Chambre des députés, il se vit refuser la sanction royale. Le débat fut porté sur le terrain constitutionnel, mais le ministre fit au nom du roi une résistance si vive que la loi bien que votée resta cependant lettre morte (1).

La République de 1848 fut de si courte durée, qu'on n'y peut guère suivre la marche générale de la Légion d'honneur. Cependant, à la séance de l'Assemblée nationale du 2 juin, à l'occasion d'une demande de rétablissement de l'effigie de l'empereur, à la place de celle d'Henri IV que la Restauration avait fait placer sur les croix, on présenta une proposition tendant à supprimer la Légion d'honneur dans l'ordre civil. Le garde des sceaux demanda le renvoi de la proposition à la discussion de la Constitution et l'article 106 de cette dernière décida que la Légion d'honneur serait maintenue et que ses statuts seraient mis en harmonie avec la Constitution.

Le second Empire fut au point de vue législatif une des époques les plus importantes pour notre institution. Nous citerons notamment :

(1) Delarbre, *La Légion d'honneur*, p. 24 et suiv.

Les décrets des 22 et 25 janvier 1850 sur le traitement des légionnaires ;

Le décret du 16 mars 1852 qui règle l'organisation et la composition de l'Ordre, la forme de la décoration l'admission, l'avancement, les formalités de la réception et la discipline de l'Ordre ;

Enfin, le décret du 24 novembre suivant pris en exécution du décret organique du 16 mars et qui est spécial à la discipline.

Ces trois décrets, et notamment celui du 16 mars 1852 constituent, à proprement parler, les statuts de la Légion d'honneur.

Nous aurons dans la suite, très souvent occasion de nous y référer.

A la chute de l'Empire au 4 septembre 1870, le gouvernement de la Défense nationale vint compromettre pour un moment l'existence même de la Légion d'honneur.

Nous trouvons l'histoire des débats très vifs qui s'engagèrent à cette époque, dans les documents sur l'Enquête parlementaire de 1872.

Dans sa déposition, le général Trochu déclarait qu'il n'avait jamais eu une grande admiration pour la Légion d'honneur. Il estimait que les décorations répugnaient aux traditions républicaines, bien qu'en fait les habitudes les aient rendues à peu près nécessaires. Cependant il signalait l'enthousiasme qu'elles provoquaient chez les hommes les plus dangereusement blessés et constatait avec regret ce phénomène qui ne lui semblait plus de notre temps.

En conséquence, dans la séance du gouvernement de la Défense nationale du 30 septembre 1870, il avait saisi le Conseil de la suppression ou du maintien des décorations militaires. Jules Ferry avait été d'avis de rompre avec les vieilles traditions. MM. Pelletan et Rochefort en avaient au contraire demandé le maintien. La solution intermédiaire qui fut adoptée devint l'objet du décret du 28 octobre 1870, qui établit qu'à l'avenir la décoration de la Légion d'honneur serait exclusivement réservée à la récompense des services militaires et des actes de bravoure accomplis devant l'ennemi.

Le décret de 1870 ne demeura en vigueur que jusqu'à la loi du 25 juillet 1873 qui l'abrogea.

De toutes les dispositions sur la Légion d'honneur, cette loi est celle qui nous intéresse le plus. Elle inaugure, en effet, une époque nouvelle dans l'histoire de notre institution ; elle la fait passer du régime des décrets sous le régime de la loi. Nous verrons dans la suite, quelles ont été les conséquences de cette innovation.

La loi de 1873 n'a cependant pas la portée générale du décret du 16 mars 1852 qui reste la charte de la Légion d'honneur ; elle a été faite pour répondre à des critiques précises et pour remédier à des abus certains. Elle vise spécialement trois points : la limitation du nombre des membres de l'Ordre, le contrôle des nominations et la discipline.

Si féconde qu'ait été l'œuvre du législateur de 1873, l'expérience ne tarda pas à montrer qu'elle était encore impuissante à arrêter de nombreux scandales. La loi de finances du 16 avril 1895 est venue, dans son article 34, compléter, quant au contrôle des nominations, les dispositions de la loi de 1873.

CHAPITRE PREMIER

ADMINISTRATION DE L'ORDRE. — BUDGET

—

Sous l'empire de la législation actuelle, l'administration de l'ordre de la Légion d'honneur est confiée au grand chancelier assisté d'un secrétaire général et du Conseil de l'Ordre.

Nous allons indiquer à quelles époques ont été créés ces différents organes administratifs et quelles sont leurs attributions.

I. — Grand Chancelier.

Nous avons déjà signalé que d'après la loi du 29 floréal an X, l'âme de l'organisation primitive avait été le Grand Conseil d'administration.

Il était composé de sept grands officiers, dont les trois consuls et quatre membres élus par le Conseil d'État, le Tribunat, et Sénat et le Corps législatif (1).

(1) Pratiquement ces conditions ne furent jamais observées et lors de la formation du Grand Conseil on procéda par nominations directes au lieu de recourir à l'élection. Le Sénat fut le seul des 4 grands corps de l'État à être représenté (Delarbre, *La Légion d'honneur*, p. 97.

Le Premier Consul en était de droit président en même temps qu'il était chef de la Légion.

Malgré son titre de Grand Conseil d'administration, ce conseil fut à l'origine investi de pouvoirs dépassant de beaucoup la simple administration : l'article 2 de la loi de l'an X lui attribuait la prérogative très importante de faire les nominations dans l'Ordre, et l'article 9 de l'arrêté du 15 mars 1804 lui reconnaissait en matière disciplinaire des pouvoirs assez étendus. Cet article porte que le Grand Conseil pourra suspendre en tout ou en partie l'exercice des droits et prérogatives attachés à la qualité de membre de la Légion d'honneur et même exclure de la Légion, lorsque la nature du délit et la gravité de la peine prononcée correctionnellement paraîtront rendre cette mesure nécessaire (1).

Mais la prépondérance du Premier Consul dans le Grand Conseil et des créations nouvelles vinrent enlever tout caractère effectif à ces attributions. Malgré l'article 2 du titre II de la loi de l'an X, le droit de nomination resta toujours entre les mains du Premier Consul.

En matière administrative, l'article 7 de l'arrêté du 2 juillet 1802 décidait la création d'un grand chancelier qui serait nommé par le Grand Conseil lui-même. Le grand chancelier aurait séance au Grand Conseil, il tien-

(1) Nous verrons dans la suite que l'art. 46 du décret du 16 mars 1852 a établi la même prérogative au profit du Président de la République et en termes absolument identiques.

drait le registre des délibérations, il serait dépositaire du sceau, il dirigerait l'administration des biens nationaux (1).

Enfin l'institution d'un Comité de Consultation par l'arrêté du 25 mars 1804 vint porter le dernier coup à l'influence du Grand Conseil en lui enlevant ses attributions disciplinaires.

Devenu pour ainsi dire un rouage inutile, le Grand Conseil fut supprimé en même temps que les cohortes par l'ordonnance du 19 juillet 1814.

C'est à partir de cette époque que datent véritablement les pouvoirs du grand chancelier, l'ordonnance que nous venons de signaler lui conférait toutes les attributions administratives qui pouvaient encore rester au Grand Conseil, et cette situation allait être confirmée par l'ordonnance du 26 mars 1816 et le décret organique du 16 mars 1852, dont les dispositions sur ce point sont actuellement en vigueur.

Le grand chancelier est toujours choisi parmi les grands officiers ou les grands-croix de la Légion (ordonn. du 26 mars 1816, art. 64).

Il travaille directement avec le chef de l'État ; il entre au Conseil des ministres toutes les fois que le Président de la République juge bon de l'y appeler pour discuter les intérêts de l'Ordre (décret du 16 mars 1852, art. 47).

(1) En vertu de ce texte, le 3 fructidor an XI, Lacépède était nommé grand chancelier.

Indépendamment de la Légion d'honneur, il a dans ses attributions la médaille militaire, les ordres étrangers et coloniaux.

Il dresse le tableau des extinctions opérées dans le cours de chaque semestre (décret de 1852, art. 6 et 19).

Il propose pour des nominations ou des promotions dans la Légion d'honneur les anciens fonctionnaires et les anciens militaires ou marins.

Il soumet au chef de l'État la répartition à faire entre les différents ministères et la grande chancellerie, des décorations disponibles pour chaque semestre (décret de 1852, art. 19).

Il présente au chef de l'État tous les candidats, qu'ils aient été proposés par les ministres, par d'autres personnes ou par lui-même.

Il est président du Conseil de l'Ordre, avec lequel il veille à l'observation des statuts et règlements de l'Ordre.

Enfin, il dirige et surveille toutes les parties de l'administration de l'Ordre, ses établissements, la perception de ses revenus, les paiements et les dépenses.

Les attributions du grand chancelier sont donc fort importantes. Elles ont permis de soutenir à une certaine époque que le grand chancelier était un véritable ministre de la Légion d'honneur. Comme les ministres, il travaillait avec le chef de l'État, il avait entrée au Conseil des ministres (1), on en concluait qu'il n'avait pas seulement le droit de proposer les mesures qu'il jugeait utiles, mais qu'il avait un pouvoir propre de décision. Par conséquent aussi, à l'égal de celles des ministres, ses décisions pouvaient être attaquées directement devant le Conseil d'État.

Ce dernier se déclara, en effet, compétent sur un pourvoi formé en 1831 contre une décision du grand chancelier prise en matière de traitement. C'était consacrer la théorie du grand chancelier ministre.

Cette jurisprudence ne dura pas longtemps. La loi de finances du 9 juillet 1836, qui rattachait le budget de la Légion d'honneur au ministère de la justice établissait par là même la dépendance du grand chancelier vis-à-vis du garde des sceaux. Par conséquent, si les décisions du grand chancelier pouvaient faire l'objet d'un recours gracieux devant le ministre, elles ne pouvaient être directement déférées au Conseil d'État par la voie contentieuse.

Aussi, à partir de cette époque, chaque fois que le Conseil d'État se trouvait en présence d'une décision du grand chancelier, l'usage s'était-il introduit à la commission du contentieux de demander au préalable au ministre s'il entendait se l'approprier.

Mais la loi du 9 juillet 1836, qui était spécialement

(1) L'ordonnance du 8 avril 1824 lui accordait même les premières entrées du cabinet.

une loi de finances, pouvait peut-être laisser quelques doutes sur la situation véritable du grand chancelier, un décret du 31 janvier 1870 a été beaucoup plus précis. Il porte que l'Ordre impérial de la Légion d'honneur est distrait du ministère des Beaux-Arts et placé dans les attributions du ministère de la Justice et des Cultes.

Il semblait donc que la question fut définitivement tranchée, quand elle fut de nouveau soulevée en 1874.

Plusieurs légionnaires avaient déféré au ministre de la justice des décisions du grand chancelier, qui les privaient du traitement auquel ils pensaient avoir droit. Par dépêche du 1er décembre 1873, le ministre de la Justice déclara qu'il n'avait pas de droit de contrôle sur les décisions du grand chancelier. Il faisait observer que si la loi du 9 juillet 1836 avait rattaché le budget de la Légion d'honneur au ministère de la Justice, elle ne l'avait fait que pour ordre et que le grand chancelier, malgré cette disposition, avait toujours conservé dans son administration l'indépendance qu'il tenait de l'ordonnance du 26 mars 1816 et du décret du 16 mars 1852.

Un pourvoi ayant été formé par les intéressés contre la dépêche ministérielle, le Conseil d'État l'annula pour les motifs suivants : « Considérant que la grande chancellerie a été placée dans les attributions du garde des sceaux par le décret du 31 janvier 1870 ; que le grand chancelier n'administre les fonds affectés aux dépenses de la Légion que sous l'autorité du ministre responsable à qui sont alloués, par les lois annuelles de finances, les crédits votés pour ces dépenses ; qu'il suit de là que les décisions prises par le grand chancelier sont comme les décisions de toutes les autorités administratives assujetties au recours des parties intéressées devant l'autorité ministérielle et ne peuvent être déférées directement au Conseil d'État par la voie contentieuse... (1). »

Mais si le principe est que toutes les décisions du grand chancelier doivent être revêtues de l'approbation ministérielle, on admetce pendant que le grand chancelier a qualité pour exercer toutes les actions ayant pour objet la conservation des biens compris dans la dotation de l'Ordre et affectés à ses dépenses.

A la suite d'une affaire récente que nous étudierons plus tard et dans laquelle le Conseil de l'Ordre avait eu une attitude que désapprouvait le gouvernement, un projet de loi fut déposé à la Chambre des députés le 22 octobre 1895. L'article 4 de ce projet, constatant que sous l'empire du décret du 16 mars 1852 le grand chancelier était indépendant du ministre de la Justice qui, pourtant, avait la responsabilité de ses actes, décidait que dorénavant le grand chancelier devrait compte, au garde des sceaux, des actes de son administration.

Ce projet n'a pas été discuté. Du reste, il ne nous semble présenter, sur le point qui nous occupe, aucun caractère d'opportunité. Le ministre qui l'avait préparé

(1) Conseil d'État, 1er mai 1874. Lezeret de la Maurinie. S, 76, 2, 91 P. adm. chr. En ce sens : S. 78, 2, 221 P. adm. chr. D. 76, 3. 39. Lefèbre-Duruflé, de Coëtlogon et Randoing.

à la hâte semble avoir oublié que le décret du 31 janvier 1870 rendait tout à fait inutile la disposition de ce nouvel article 4. L'étude des circonstances dans lesquelles ce projet a fait son apparition nous permettra de mieux comprendre son véritable esprit.

II. — Secrétaire général.

A côté du grand chancelier est le secrétaire général.

Il apparaît pour la première fois dans l'article 21 de l'ordonnance royale du 19 juillet 1814 ainsi conçu : Il sera établi près de notre grand chancelier un secrétaire général qui aura la signature en cas d'absence ou de maladie du chancelier.

Ces dispositions ont été reproduites dans l'article 58 du décret du 16 mars 1852.

Aux termes de l'article 2 du décret du 24 mars 1851, le secrétaire général devait remplir près du Conseil de l'Ordre les fonctions de secrétaire avec voix délibérative, mais l'article 54 du décret du 16 mars 1852 est venu attribuer au secrétaire général la vice-présidence du Conseil de l'Ordre et créer un secrétaire du conseil à la nomination du grand chancelier.

Dans ces dernières années le grand chancelier et le secrétaire général ont souvent été pris tous les deux dans l'ordre militaire et choisis parmi d'anciens officiers généraux. Le projet de loi du 22 octobre 1895 auquel nous avons fait allusion, faisait observer que « cette double représentation de l'armée à la tête de la direction administrative n'était pas en harmonie avec l'esprit d'une institution qui associait dans une récompense uniforme tous les services publics, civils ou militaires ».

Afin de tenir la balance égale entre ces deux éléments, le projet décidait que les fonctions de grand chancelier et de secrétaire général de l'Ordre ne pouvaient être confiées simultanément à des légionnaires figurant dans les cadres tous les deux au titre militaire ou au titre civil.

On s'est inspiré de l'esprit de ce projet dans la composition actuelle de l'administration supérieure de l'Ordre, où le grand chancelier a été pris dans l'ordre militaire et le secrétaire général dans l'ordre civil.

III. — Conseil de l'Ordre.

Nous avons vu qu'un arrêté du Grand Conseil du 25 mars 1804 avait créé un Comité de consultation qui, présidé par le grand chancelier, serait chargé de donner son avis sur certaines affaires contentieuses ou administratives et spécialement sur les questions de discipline des légionnaires.

Ce fut seulement dans le décret du 24 mars 1851 que ce comité prit le nom de Conseil national de la Légion d'honneur.

Sa composition actuelle est réglée par le décret organique du 19 mars 1852.

Il comprend le grand chancelier, président ; le secrétaire général, vice-président, et 11 membres de l'ordre nommés par le Président de la République et renouvelables par moitié tous les deux ans. Le secrétaire est nommé par le grand chancelier.

Le projet de 1895 apportait aussi quelques modifications à cette composition. Il fixait à 15 le nombre des membres du Conseil de l'Ordre.

Il remarquait ensuite que bien que les pouvoirs des membres du Conseil de l'Ordre ne fussent pas d'une durée illimitée, l'usage s'était établi de les conserver en fait d'une façon indéfinie. « Pour empêcher que l'exercice de fonctions qui gagneraient au changement périodique de leurs titulaires ne se perpétue dans les mêmes mains », le projet décidait que les membres sortants ne pourraient être nommés de nouveau que deux ans après l'expiration de leurs pouvoirs.

Le Conseil de l'Ordre se réunit tous les mois.

Le décret du 2 avril 1850 n'avait pas donné au Conseil de l'Ordre d'attributions précises ; celles qui lui furent conférées par le décret 1852, n'étaient pas encore bien importantes. Elles se bornaient à donner un avis au grand chancelier pour la préparation du tableau des vacances et pour la répartition des nominations à faire entre les différents ministères et la grande chancellerie.

Sous l'Empire de la législation nouvelle les attributions du Conseil de l'Ordre ont été considérablement augmentées notamment en matière de contrôle des nominations et en matière disciplinaire.

Nous ne pourrions, sans empiéter sur ce qui va suivre, indiquer dès maintenant quelles sont ces attributions ; dans les chapitres qui nous restent à étudier, nous exposerons dans le détail l'évolution qui s'est faite à cet égard.

Budget.

Le budget de la Légion d'honneur nous intéresse à deux points de vue : d'abord parce que la principale charge de ce budget consiste dans le paiement du traitement des légionnaires, ensuite et surtout, parce que les questions budgétaires ont eu sur l'organisation même de notre institution une répercussion assez vive.

Nous avons vu que la loi de fondation de la Légion d'honneur avait décidé dans son article 3 qu'une dotation de 200,000 livres de rentes en biens nationaux serait affectée à chacune des 15 cohortes. Il est intéressant de s'arrêter un instant sur cette organisation des cohortes qui, si elle n'a pas réussi, montre au moins par sa conception avec quelle habileté le Premier Consul s'entendait à tirer parti de toutes les circonstances de fait qui pouvaient favoriser ses entreprises.

Jusqu'à ces derniers temps, les cohortes n'ont véritablement été connues que de nom et les différents auteurs qui ont écrit sur la Légion d'honneur se sont bornés à les citer pour mémoire. Nous devons à M. Soulajon une étude approfondie où il a fait bonne justice de l'erreur communément répandue d'après laquelle les cohortes n'auraient jamais eu d'existence effective et où il a montré que, si à vrai dire, elles disparurent dès 1809, elles n'en avaient pas moins été instituées dans un esprit qui devait sérieusement aider à faire connaître et apprécier l'institution nouvelle dans tout le pays.

Nous avons dit, en effet, que la Légion d'honneur en même temps qu'elle serait la récompense des services et des vertus des citoyens devait être aussi un instrument de gouvernement. Suivant l'expression de Soulajon, « elle devait donner à un ensemble d'élite, une communauté de vues, une direction, un lien, celui de l'honneur, en dehors des questions de parti qui avaient si longtemps divisé et qui divisaient encore la France. »

Pour arriver promptement à ce résultat, il fallait rapprocher la Légion d'honneur du peuple, créer dans les différentes parties de la nation, des centres d'intérêts, dont l'influence rayonnerait sur tout le pays, en un mot, il fallait décentraliser l'administration de l'Ordre.

Il y avait surtout à cette décentralisation un avantage pratique considérable, qui n'échappa pas au Premier Consul. Il n'ignorait pas, en effet, quelle charge l'institution nouvelle allait apporter au budget, pour subvenir au traitement des légionnaires et pour créer, comme il en avait l'intention, des hospices et des logements pour recueillir les membres de la Légion, que la vieillesse, les infirmités ou les blessures mettraient dans l'impossibilité de servir l'État et qui se trouveraient dans le besoin.

Or, les impôts qui rentraient mal, étaient vite absorbés par la guerre et les travaux publics, comment parer aux nouvelles dépenses ? C'est alors qu'il songea aux biens nationaux et que l'idée lui vint de faire de la Légion d'honneur un grand propriétaire foncier.

Il semblait à coup sûr que ce fut le meilleur emploi qui put être fait de ces biens. Leur vente se faisait généralement à vil prix et dans les cas où ils étaient administrés directement au profit de l'État, ils ne rapportaient au Trésor que des produits insignifiants.

Les prévisions du Premier Consul parurent d'abord se justifier pleinement. Dans le territoire des différentes circonscriptions entre lesquelles fut partagé le pays, les villes offraient d'elles-mêmes leurs plus beaux monuments, ayant à cœur de devenir chef-lieu de cohorte. L'agriculture, grâce à des procédés nouveaux, importés sur les domaines de l'Ordre, fit sur beaucoup de points des progrès remarquables et plusieurs cohortes retirèrent à peu près de leurs immeubles le montant de la rente qui leur avait été promise.

Malheureusement, dans d'autres contrées, où la vente des biens nationaux s'était trouvée plus avancée, on n'avait pu recueillir que des terrains incultes ou si morcellés que l'exploitation ne pouvait en être avantageuse. Aussi dès le commencement de l'année 1805 une loi du 31 janvier vint-elle décider que la moitié seulement de la dotation serait en immeubles et l'autre moitié en rentes sur l'État, provenant de la réalisation des domaines peu avantageux à conserver ; 1,600,000 livres de rente devaient être ainsi déposées à la caisse d'amortissement pour y pourvoir aux besoins de la Légion d'honneur, sous la surveillance du Grand Conseil d'administration. A cette somme étaient ajoutées d'autres recettes importantes, telles que celles provenant des canaux, de majorats ou d'établissements situés dans les pays nouvellement réunis à la France.

En 1809, la situation était la suivante : le nombre des légionnaires qui avait été primitivement adapté à celui des cohortes et fixé à 6,000 s'était sensiblement élevé au-dessus de ce chiffre. Or si les revenus des cohortes avaient suffi à peine, à l'origine, pour pourvoir aux frais des traitements, ils se trouvaient à cette époque totalement insuffisants. Si sage qu'ait été la conception des cohortes, elle ne correspondait plus à l'état de choses actuel, il fallut y renoncer. Le reste des immeubles appartenant à l'Ordre fut aliéné, ce qui porta à environ 6,200,000 livres le chiffre total des rentes de l'Ordre.

Du reste, à cette époque les cohortes étaient déjà désorganisées. Deux des chefs-lieux, Gand et Saverne, avaient cessé d'appartenir à la France ; quant à la plupart des autres, auxquels la jouissance des biens de l'Ordre avait été cédée moyennant une redevance, ils cessèrent bientôt de la payer. Les réclamations qui ont pu être faites à cet égard dans la suite n'ont jamais abouti. Il était d'abord difficile dans bien des cas de déterminer, quelles avaient été les limites exactes des cohortes et les bénéficiaires des immeubles n'ont pas manqué d'invoquer la prescription.

Actuellement, il n'y a plus que 5 des chefs-lieux de cohortes qui payent encore leur redevance, qui produit au budget de l'Ordre une somme totale vraiment insignifiante de 14,843 francs (1).

A la chute de l'Empire, le budget de la Légion d'honneur était profondément déséquilibré. Le gouvernement de Louis XVIII se trouvait en présence d'un déficit dépassant 4,000,000. Quel parti allait-il prendre ?

Devant la nécessité qui lui était faite de n'accorder qu'un nombre très restreint de décorations, à peine d'augmenter un arriéré qu'il semblait déjà fort difficile de combler, et ne voulant pas non plus se pri-

(1) Ces chefs-lieux sont les suivants : Aix, Dijon, Beziers, l'abbaye de Saint-Vaast (Pas-de-Calais), Saint-Maixent (Deux-Sèvres).

ver d'un instrument de gouvernement dont il sentait toute la portée, Louis XVIII employa un moyen très radical ; il décida dans l'ordonnance du 19 juillet 1814 (art. 4) que pour l'avenir les décorations seraient purement honorifiques. Comme il ne pouvait cependant porter atteinte aux droits acquis des légionnaires nommés avant le 6 avril 1814, qui n'avaient pas encore reçu l'intégralité de leur pension, de nombreuses ordonnances vinrent procéder au règlement de leur situation au moyen d'accomptes successifs.

Mais une mesure qui rompait aussi brusquement avec le passé ne pouvait être que provisoire. Peu à peu. par l'effet des extinctions qui laissaient au budget quelques ressources disponibles, on fit d'assez nombreuses exceptions au principe que les décorations seraient purement honorifiques. Elles eurent lieu tout d'abord au profit des soldats blessés ou amputés, puis s'étendirent bientôt par degrés successifs à tous les militaires, soldats et officiers, résultat qui fut définitivement atteint et consacré par les décrets des 22 janvier et 16 mars 1852.

Ces changements législatifs n'allaient pas être sans conséquences sur la composition même de l'Ordre. A partir de 1814, comme les décorations accordées aux légionnaires civils n'entraînaient plus de traitement, on vit leur nombre croître dans des proportions vraiment scandaleuses. Elles coûtaient si peu à distribuer et elles pouvaient servir à payer ou à acheter tant de services ! On a pu dire avec raison en 1873, à la Chambre des Députés, qu'à partir de cette époque la Légion d'honneur avait été entre les mains du gouvernement uniquement une monnaie électorale et un instrument de corruption.

Si nous revenons maintenant au budget, nous voyons que, malgré les innovations réalisées, le déficit dépassait encore 5 millions en 1819. Il fallut demander au Trésor une subvention annuelle qui fut payée jusqu'à 1844 et qui coûta à ce dernier une somme totale de 64 millions.

A cette date, le déficit n'était plus que de 3 millions, mais avec les réformes opérées, suivant les prévisions du grand chancelier, il devait s'éteindre entièrement en 1853. Mais en 1852, la création de nouvelles catégories de traitement et l'institution de la médaille militaire vint encore rompre tout équilibre entre les recettes et les dépenses de l'Ordre. Il fallut de nouveau recourir à une subvention du Trésor qui fut portée aux ressources de l'Ordre sous le titre de supplément à la dotation. Cette subvention, d'abord assez faible, a atteint en 1873 le chiffre de 13,476,000 francs, elle est actuellement de 10 millions environ.

Pour expliquer qu'une subvention aussi élevée soit nécessaire, malgré les inscriptions de rentes supplémentaires qui ont été prises au profit de l'Ordre depuis 1809, il faut mentionner que du fait des conversions de 1852, de 1883 et de 1894, la Légion d'honneur a subi une perte totale de 2,746,384 francs de rentes.

Le chiffre des dépenses de l'Ordre s'élève actuellement à 16,000,000 environ.

CHAPITRE II

ORGANISATION DE L'ORDRE

—

SECTION PREMIÈRE

COMPOSITION DE L'ORDRE.

Aux termes de l'article 2 du décret du 16 mars 1852, la Légion d'honneur est instituée pour récompenser les services civils et militaires.

Le Président de la République est souverain chef et grand-maître de l'Ordre (art. 2 même décret).

La Légion d'honneur est composée de chevaliers, d'officiers, de commandeurs, de grands officiers et de grands-croix (art. 3 (1).

Les membres de l'Ordre sont nommés à vie (art. 4).

(1) Primitivement l'Ordre ne comprenait que 4 grades : les grands officiers, les *commandants*, les officiers, les chevaliers. L'arrêté du 9 pluviose an XII créa la « grande décoration de la Légion d'honneur » qui prit dans l'ordonnance du 19 juillet 1814 (art. 7) le nom de « grand cordon » et enfin celui de grand-croix dans l'ordonnance du 26 mars 1816. A la même époque les *commandants* devinrent des *commandeurs*.

Tout récemment cet article a servi de base à une discussion sur le caractère de la dignité de grand-maître de l'Ordre conférée au Président de la République.

Supposons le Président de la République démissionnaire ou non réélu à l'expiration de son mandat, pourra-t-il conserver le titre de grand-maître de l'Ordre?

Sans doute, on peut prétendre qu'aux termes de l'article 4 du décret de 1852, les membres de la Légion d'honneur étant nommés à vie. ne peuvent être privés de leur qualité que par un texte formel, et que, si de semblables textes ont été prévus pour l'exercice du pouvoir disciplinaire, il n'en existe aucun pour l'espèce qui nous occupe.

Mais ce raisonnement ne saurait avoir de valeur que s'il était d'abord démontré que la distinction accordée au chef de l'État est une distinction personnelle et nous croyons que cette opinion ne peut se soutenir.

Il n'y a dans la Légion d'honneur que 5 grades: ceux de chevalier, d'officier, de commandeur, de grand officier et de grand-croix; la dignité de grand-maître de l'Ordre n'est pas à proprement parler un grade, elle est une prérogative gouvernementale. Ce qui le montre bien, c'est qu'elle n'est assujettie à aucune des conditions qui règlent normalement l'admission et l'avancement des membres de l'Ordre. C'est ainsi que nous verrons que nul ne peut entrer dans la Légion d'honneur, qu'avec le premier grade de chevalier; que pour passer d'un grade à un autre, il faut être resté pendant un nombre d'années déterminé dans le grade précédent. Or, quand il s'agit du Président de la République, sitôt qu'il est investi de ses fonctions par le Congrès, le grand chancelier se rend auprès de lui et lui remet les insignes de grand-maître, alors même qu'il n'aurait pas antérieurement fait partie de la Légion.

La distinction du chef de l'État ne constituant pas un grade dans l'Ordre, n'est pas une distinction personnelle ; l'article 2 du décret de 1852 a entendu seulement la conférer au Président de la République en fonctions. De plus, comme c'est une prérogative gouvernementale, on ne concevrait pas qu'il y eut à la fois plusieurs grands-maîtres de l'Ordre.

Nous pensons donc que le Président de la République démissionnaire ou non réélu ne pourrait conserver que les insignes du grade le plus élevé de la Légion, celui de grand-croix (1).

Reprenant maintenant le décret de 1852, nous en arrivons aux articles 5 et 6 qui délimitent le nombre des légionnaires. Ils sont ainsi conçus :

Art. 5. — « Le nombre des chevaliers n'est pas limité ; néanmoins, comme ce nombre est aujourd'hui trop considérable, il ne sera fait *dans le civil* qu'une promotion sur deux extinctions jusqu'en 1856. Le nombre des

(1) C'est à l'occasion de la démission de M. Casimir-Périer que la question a été soulevée. Sur la demande qui lui était faite par le grand chancelier de déposer les insignes de grand-maître de l'Ordre, M. Casimir-Périer a opposé un refus formel et l'affaire en est restée là.

officiers est fixé à 4,000 ; celui des commandeurs à 1,000 ; celui des grands officiers à 200 ; celui des grands-croix à 80. »

Art. 6. — « Le nombre des grands officiers, commandeurs et officiers dépassant les limites fixées, il ne sera fait dans ces divers grades, tant au civil qu'au militaire, qu'une nomination ou promotion sur deux vacances jusqu'à ce que l'on soit rentré dans le cadre. »

Ces deux dispositions, fort importantes, allaient servir de point de départ à toute une série de lois destinées à ramener le nombre des membres de la Légion d'honneur à des proportions plus modérées.

Voici quelle était sur ce point la situation en 1852. L'ordonnance de 1816, qui laissait illimité le nombre des chevaliers, avait bien établi un nombre maximum de titulaires dans les autres grades, mais ses dispositions n'avaient jamais été observées. En fait, malgré cette ordonnance, le nombre des nominations dans tous les grades avait uniquement dépendu du bon plaisir du gouvernement, et nous avons déjà signalé les augmentations inconsidérées qui s'étaient produites à partir de la Restauration. De 36,000 qu'était le nombre des légionnaires en 1814, il s'était élevé à près de 60,000 en 1840. Cet état de choses avait été vivement critiqué, et en 1839, le baron Mounier disait à la Chambre des pairs : « La valeur de la décoration s'est affaiblie, ceux qui la distribuent, comme ceux qui l'obtiennent, ont cessé d'y attacher le même prix, et si elle a continué d'être sollicitée avec ardeur, elle a été donnée avec légèreté et reçue avec tiédeur. ».

Mais c'est surtout dans l'ordre civil que la profusion avait été la plus grande. Dans l'ordre militaire, en effet, comme les décorations comportaient un traitement, le souci de l'équilibre du budget mettait un frein aux libéralités exagérées (1).

Aussi le § 1er de l'article 5 n'appliquait-il ses dispositions restrictives qu'aux légionnaires civils.

Avec le gouvernement de la Défense nationale et le décret du 30 septembre 1870 qui réservait exclusivement la Légion d'honneur à la récompense des services militaires et des actes de bravoure accomplis devant l'ennemi, ce fut à son tour le nombre des légionnaires militaires qui s'accrut dans des proportions inquiétantes. Le décret du 20 mars 1873 décida que de même qu'à l'égard des légionnaires civils il ne serait plus fait dans l'ordre militaire qu'une nomination sur deux extinctions.

Mais au moment où était promulgué ce décret, deux propositions de loi avaient été déposées à la Chambre des députés : la première de M. Huon de Penanster demandant l'abrogation du décret du 30 septembre 1870 ; la deuxième de MM. Destremx, Seignobos, comte Ram-

(1) De plus le décret du 29 juillet 1852 en créant la médaille militaire au profit des sous-officiers et soldats allait encore permettre de ménager dans une assez large mesure les croix de la Légion d'honneur.

pon et duc d'Harcourt qui, outre l'abrogation du décret de 1870, contenait diverses dispositions destinées à prévenir les abus et la profusion non justifiée des décorations.

Pour atteindre ce but, les auteurs de ce deuxième projet proposaient entre autres mesures, la création pour chaque branche des services publics de distinctions honorifiques d'un ordre secondaire, analogues à la médaille militaire et aux palmes universitaires.

La commission chargée d'examiner ce projet proposa de fixer pour le grade de chevalier une limite analogue à celle qui existait pour les autres grades. Elle arrêtait le nombre total des légionnaires à un chiffre de 25,000 dont les deux cinquièmes pour l'ordre civil et le reste pour l'ordre militaire.

Ce projet avait déjà été voté en première lecture quand un contre-projet fut déposé auquel le gouvernement déclara se rallier. Sur ces entrefaites une nouvelle commission fut nommée, mais elle ne reprit pas en matière de limitation des nominations les innovations qui avaient été discutées, elle se borna à conclure au maintien des dispositions du décret de 1852 ; l'article 1er de la loi du 25 juillet sur les récompenses nationales porte, qu'il ne sera fait dans l'avenir, tant dans l'ordre civil que dans l'ordre militaire, qu'une nomination de chevalier de la Légion d'honneur sur deux extinctions jusqu'à ce qu'une loi en ait autrement ordonné.

Le résultat de cette loi fut une diminution notable

du nombre des croix laissées à la disposition des différents ministres. Or, il se trouva que dans l'ordre militaire, cette diminution correspondit à une extension très sensible de l'effectif des cadres d'officiers. Les ministres de la guerre et de la marine s'étant plaints de la situation qui leur était faite, les lois du 10 juin 1879 et du 17 décembre 1892 élevèrent la proportion des nominations d'abord aux trois quarts, puis à la totalité des extinctions.

Parallèlement, dans l'ordre civil, les conséquences de la loi de 1873 s'étaient aussi fait sentir. On estima en 1897 que le résultat proposé était atteint. En effet, le nombre des croix de chevaliers sans traitement, qui, en 1873, était de 22,179, s'était abaissé à cette date à 10,620 environ, d'après une déclaration du garde des sceaux à la Chambre des Députés. Or, il estimait que c'était là un chiffre au-dessous duquel on ne pouvait guère descendre sans de graves inconvénients. La loi du 28 janvier 1897 décida donc que la proportion des nominations nouvelles s'élèverait à la totalité des extinctions.

Puisqu'aux termes de la législation actuelle, aussi bien dans l'ordre civil que dans l'ordre militaire, il faut une vacance pour pouvoir procéder à une nomination nouvelle, il semblerait que le nombre des membres de la Légion d'honneur dut demeurer stationnaire.

Pour atteindre pleinement ce but, il a cependant fallu, dans ces dernières années, prendre des mesures spéciales. Il existait, en effet, une source fort importante d'augmentations imprévues. Elle consistait dans la faculté qui était toujours ouverte aux Chambres de créer, d'un seul coup, par une loi, un nombre plus ou moins grand de légionnaires. L'expérience avait montré qu'elles usaient de ce droit d'une façon très libérale. De pareilles lois se reproduisaient tous les ans, notamment à l'occasion d'expositions internationales, d'inondations ou d'épidémies, d'opérations militaires ou de fêtes nationales, et ces listes de nouveaux légionnaires étaient généralement fort longues (1).

Les lois du 17 décembre 1892 et du 28 janvier 1897 s'attachèrent à enrayer ces augmentations, la première pour l'ordre militaire, la deuxième pour l'ordre civil. Le principe de ces deux lois est d'établir une réserve sur laquelle sont prélevés ces contingents extraordinaires.

L'attribution des croix comprises dans cette réserve est soumise à des règles étroites. Lors de la discussion de la loi de 1897, le garde des sceaux a indiqué en ces termes l'effet qu'on devait attendre de cette mesure nouvelle : « C'est sur cette réserve que seront prélevées les décorations accordées dans des circonstances exceptionnelles, et dès lors en votant la loi, vous n'augmenterez pas le nombre des croix, vous le maintiendrez,

(1) C'est ainsi qu'à l'occasion de la fête nationale du 14 juillet 1880, 500 décorations ont été distribuées, et qu'à la suite de l'Exposition internationale de 1889, on vit à l'*Officiel* 369 chevaliers nouveaux.

au contraire, à un chiffre déterminé ; — vous vous fixerez à vous-mêmes une limite et vous ne serez plus amenés à augmenter le nombre des croix dans certaines circonstances spéciales qui excitaient votre sympathie et entraînaient de votre part des mesures de faveur particulières. »

SECTION II

ADMISSION, AVANCEMENT ET RÉCEPTION DANS L'ORDRE.

La croix de la Légion d'honneur est la récompense des services rendus au pays ; mais ces services sont susceptibles de se manifester de façons très diverses. Le décret de 1852 les répartit en trois catégories : ceux qui sont rendus en temps de paix dans les fonctions civiles ou militaires ; ceux qui sont rendus en temps de guerre et enfin les services exceptionnels qui peuvent se produire en temps de paix ou en temps de guerre.

Comme ces trois catégories de services sont de nature très différente, elles devaient aussi être diversement réglementées quant au titre qu'elles constituent à l'admission ou à l'avancement dans l'ordre.

En temps de paix, pour être admis dans la Légion d'honneur, il faut avoir exercé pendant vingt années avec distinction des fonctions civiles ou militaires (article 11) (1).

Nul ne peut être admis dans la Légion qu'avec le grade de chevalier (art. 12).

Pour être nommé à un grade supérieur, il est indispensable d'avoir passé dans le grade inférieur, savoir :

Pour le grade d'officier, 4 ans dans celui de chevalier ;

Pour le grade de commandeur, 2 ans dans celui d'officier ;

Pour le grade de grand-officier, 3 ans dans celui de commandeur ;

Pour le grade de grand-croix, 5 ans dans celui de grand-officier (art. 13).

Toutefois, quand il s'agit des militaires, chaque campagne est comptée double dans l'évaluation des années exigées par les articles 11 et 13, mais il ne peut être compté qu'une campagne par année sauf les cas d'exception qui doivent être déterminés par un décret spécial (art. 14).

Telle est la première catégorie de services dont la croix de la Légion d'honneur peut être la récompense. A côté de ces services généralement assez modestes et qui sont jugés dignes d'être pris en considération, quand ils ont duré vingt années consécutives, les services ren-

(1) Jusqu'à l'ordonnance du 18 octobre 1819, il fallait 25 années de service.

dus en temps de guerre et les services extraordinaires, au contraire, par les circonstances brillantes dans lesquelles ils peuvent se produire, semblent plus directement forcer l'admiration et appeler une récompense.

Aussi les conditions exigées par les articles 11 et 13 pour l'admission et l'avancement dans l'ordre ne se retrouvent-elles plus, quand il s'agit de ces services. Ils font l'objet des articles 15 et 16.

Art. 15. — « En temps de guerre, les actions d'éclat et les blessures graves peuvent dispenser des conditions exigées par les articles 11 et 13 pour l'admission et l'avancement dans l'ordre. »

Art. 16. — « En temps de paix comme en temps de guerre, les services extraordinaires dans les fonctions civiles ou militaire, les sciences et les arts, peuvent également dispenser de ces conditions, sous la réserve expresse de ne franchir aucun grade. »

Nous verrons dans la suite que ces services extraordinaires n'ont pas toujours existé dans notre législation et que leur apparition devait être de nature à provoquer bien des abus.

Les propositions pour les nominations et les promotions dans l'ordre sont faites par les ministres pour les personnes placées sous leurs ordres ou ressortissant à un titre quelconque à leur département ministériel et par le grand chancelier pour les anciens militaires et marins et les anciens fonctionnaires.

Il est cependant de jurisprudence constante que les

ministres peuvent aussi proposer pour la Légion d'honneur les anciens fonctionnaires et agents qui ont cessé l'activité depuis moins de six mois.

Nous avons vu déjà que le grand chancelier était chargé de centraliser les listes de propositions des ministres et d'en faire un corps de décret qu'il soumettait au Président de la République.

Toutes demandes de nomination ou de promotion qui seraient adressées ou soumises au Président de la République, par quelque personne que ce soit autre que les ministres, sont renvoyées au grand chancelier, qui en fait le rapport et présente des projets de décrets s'il y a lieu.

Mais le décret de nomination une fois rendu et même publié dans les conditions que nous indiquerons, la qualité de légionnaire n'est pas encore conférée d'une façon définitive ; il faut de plus que le candidat soit reçu et qu'il ait prêté serment.

Ces deux formalités sont réglées par les articles 25 à 32 du décret du 16 mars 1872, auxquels il faut ajouter le décret du 10 mai 1886, la décision présidentielle du 16 novembre 1886 et le décret du 20 octobre 1892.

SECTION III

HONNEURS ET PRÉROGATIVES RECONNUS AUX MEMBRES DE L'ORDRE.

Sous l'Empire, quelques prérogatives politiques, (notamment le droit de faire partie des collèges électoraux), étaient reconnues aux légionnaires ; l'ordonnance du 19 juillet 1819 les a supprimées.

Actuellement, les prérogatives qui leur sont conférées sont soit purement honorifiques, soit pécuniaires. Nous allons nous borner à les énumérer d'une façon très rapide, en renvoyant aux textes pour les points de détail.

I. — Prérogatives honorifiques.

Tous les légionnaires ont d'abord le droit de porter les insignes du grade auquel ils appartiennent. De nombreuses dispositions règlent la forme de ces insignes et la manière de les porter (1).

En parcourant ces dispositions, on remarque que les descriptions qui y sont faites s'appliquent toujours à des décorations portées sur la personne même, soit sur des uniformes ou des costumes officiels, soit sur un costume

(1) Voir *Répertoire du Droit français*, au mot *Légion d'honneur*, nos 127 à 135.

civil. On en a conclu récemment que la croix de la Légion d'honneur était rigoureusement personnelle et que le seul usage qui pouvait en être fait, était de la porter sur soi. A la suite de l'exposition internationale de 1878, en effet, de nombreuses plaintes avaient été portées contre des industriels décorés qui se servaient de leur décoration comme d'un objet de réclame. Une circulaire du ministre de la justice, du 23 juin 1879 est venue décider que la croix, personnelle aux légionnaires, ne peut dans aucun cas servir de réclame à une maison de commerce et figurer sur des produits dont elle a récompensé l'inventeur. Toute contravention à cette interdiction serait soumise au Conseil de l'Ordre et à la décision du chef de l'État.

La même circulaire décide en même temps que la croix ne pourrait pas davantage être indiquée dans des marques de fabrique.

Une autre circulaire du ministre de l'intérieur du 22 novembre 1884 est venue rappeler ces prescriptions qui étaient souvent méconnues (1).

— Le rang des dignitaires de la Légion d'honneur, dans les cortèges et les cérémonies publiques est réglé par le décret du 24 messidor an XII, le décret du 28 décembre 1875, article 1er, § 2, et le décret du 4 octobre 1891, article 246.

— Ils reçoivent à leur mort des honneurs funèbres et militaires, prévus par le décret du 16 mars 1852, ar-

(1) Sur cette question voir Delarbre, op. cit., p. 185 et suiv.

ticle 37 et le décret du 4 octobre 1891, articles 312, 313, 315, 317, 319.

— Aux termes de l'article 10 de la loi du 20 avril 1810, lorsque des grands officiers ou des grands-croix sont prévenus de délits de police correctionnelle, ce sont les cours d'appel qui en connaissent de la manière prescrite par l'article 479 du Code d'instruction criminelle.

— Les officiers de l'état-civil doivent mentionner dans leurs actes, la qualité de membre de la Légion d'honneur, si elle appartient aux personnes qui se présentent. (Circulaire du ministre de la justice du 3 juin 1807.)

II. — Prérogative pécuniaire. — Traitement.

Nous avons déjà indiqué qu'à l'origine tous les légionnaires civils ou militaires touchaient un traitement. Il était, d'après la loi de 1802, de 5.000 francs pour les grands officiers, de 2,000 francs pour les commandants (actuellement commandeurs), de 1,000 francs pour les officiers et de 250 francs pour les chevaliers.

Nous avons dit également qu'en 1814, par suite de nécessités budgétaires, toutes les décorations furent déclarées purement honorifiques, mais que grâce à des exceptions successives faites à cette règle, le traitement se trouva, en 1852, rétabli au profit de tous les légionnaires militaires.

Le décret du 22 janvier 1852 dispose que tous les officiers, sous-officiers et soldats des armées de terre et de mer qui seront à l'avenir nommés ou promus, recevront, selon leur grade dans la Légion d'honneur, l'allocation annuelle suivante :

Les chevaliers : 250 francs ;

Les officiers : 500 francs ;

Les commandeurs : 1,000 francs ;

Les grands officiers : 2,000 francs ;

Les grands-croix : 3,000 francs.

Le décret organique du 16 mars 1852 a reproduit ces dispositions dans son article 33.

Pour jouir du traitement, il faut que les militaires aient été promus pendant leur activité de service ; telle est la règle.

Toutefois, il existe certains fonctionnaires qui, par leur assimilation aux militaires, bénéficient du traitement. De nombreux décrets sont venus déterminer, depuis 1852, quels étaient ces fonctionnaires et dans quelles conditions ils avaient droit au traitement.

Il existe, à la grande chancellerie, des tableaux spéciaux pour régler ces différentes questions que le cadre de cette étude ne nous permet pas d'aborder.

Le traitement de la Légion d'honneur assimilé aux pensions militaires a été déclaré incessible et insaisissable du vivant du titulaire, sauf dans le cas de dette envers l'État, la Légion d'honneur (1), les corps de troupe dont faisait partie le légionnaire ou dans les cir-

(1) Pour acquitter les droits de chancellerie.

constances prévues par les articles 203, 205 et 214 du Code civil. (Avis du Conseil d'État des 11 janvier, 2 février et 24 juin 1808.)

Toutefois, le principe de l'inaliénabilité reçoit une exception au profit des légionnaires qui s'embarquent pour le service de l'État et de ceux qui, pour la même cause, résident dans les colonies. En pareil cas, ils peuvent déléguer, mais pour un an seulement, leur traitement soit à leur femme, soit à leurs enfants ou à d'autres personnes; la délégation sera renouvelée tous les ans. (Décret du 16 thermidor an XIII.)

Conformément à l'article 26 de la loi du 11 avril 1831 sur les pensions militaires, la résidence d'un légionnaire en pays étranger sans autorisation du gouvernement, emporte suspension de la jouissance du traitement. (C. d'État, 5 février 1841, S. 41, 2, 248. P. adm. chr.)

CHAPITRE III

CONTROLE DES NOMINATIONS

—

La composition de l'Ordre dont nous avons traité dans le chapitre précédent, constitue un des points les plus importants et les plus délicats de notre étude. Nous allons montrer comment cette question insuffisamment réglementée par le décret de 1852 a été reprise par les lois du 25 juillet 1873 et du 16 avril 1895.

Il est manifeste que le crédit et la faveur dont la Légion d'honneur est appelée à jouir dans l'opinion, dépendent précisément du choix scrupuleux des membres qui la composent. En présence, en effet, de toute nomination insuffisamment motivée et qui semble dûe plutôt à l'intrigue qu'au mérite, l'opinion publique est facilement portée à généraliser et à identifier l'Ordre tout entier avec les quelques légionnaires dont l'admission a pu causer du scandale. Pour peu que de semblables nominations soient fréquentes, le sort de la Légion d'honneur serait bientôt compromis. Il est donc incontestable que le soin de choisir les membres de l'Ordre ne saurait être remis entre des mains trop sûres, ni entouré de garanties trop sérieuses. La difficulté du problème consiste dans l'établissement de ces garanties.

La loi de 1802 contenait à cet égard un système qui nous semble très rationel. Cette loi attribuait le droit de nomination au Grand Conseil d'administration de la Légion d'honneur. Nous savons que ce Conseil était composé des trois Consuls et de quatre membres pris dans chacun des quatre grands corps de l'État (Conseil d'État, Tribunat, Sénat, Corps législatif). Dans cette organisation, les nominations faites par le Grand Conseil se trouvaient faites sous l'initiative et le contrôle à la fois du gouvernement et de l'Ordre de la Légion d'honneur lui-même, en la personne de son Conseil.

Ce système avait été conçu de la façon la plus heureuse, pour maintenir la balance égale entre l'intérêt de la Légion d'honneur et les droits du gouvernement.

D'un côté, en effet, comme nous le verrons bientôt, il est fort difficile de ne pas reconnaître au Gouvernement, qui est le représentant du pays, le droit de récompenser des services que sa situation lui permet d'apprécier mieux que ne pourrait le faire toute autre autorité.

D'un autre côté, nous verrons aussi que le gouvernement en matière de décorations est très disposé à se montrer prodigue ; le fait que le Grand Conseil, préposé au soin de faire les nominations, avait en même temps la garde des intérêts de l'Ordre, devait assurer à la Légion d'honneur la composition la plus propre à maintenir son prestige.

Malheureusement ces dispositions ne furent jamais mises en pratique ; le Premier Consul malgré les termes de la loi de 1802 s'attribua personnellement le droit de nomination et sans avoir été abrogée cette loi demeura lettre-morte.

De cette usurpation est résultée, dans la suite, une conséquence fort curieuse. En faisant participer le Grand Conseil au choix des légionnaires, la loi de 1802 avait entouré l'admission dans l'Ordre de garanties suffisantes pour pouvoir se dispenser d'établir aucun autre contrôle. Mais, quand le Premier Consul se fut arrogé le droit absolu de nomination, des garanties nouvelles s'imposaient ; il eut fallu à ce moment réformer la loi de 1802 ; on ne le fit pas. Ce silence devait avoir sa répercussion dans toute la législation qui allait suivre jusqu'à 1873.

Le décret de 1852, dont nous avons déjà étudié les dispositions, attribuait le droit de nomination au chef de l'État sur la proposition des ministres ; il distinguait trois catégories de services et fixait les conditions dans lesquelles ces services faisaient titre pour l'admission ou l'avancement dans l'Ordre ; mais nulle part il n'établissait un contrôle qui put assurer l'observation de ses prescriptions et qui permit de veiller à ce que les décorations ne fussent attribuées qu'à bon escient.

Les ministres étaient-ils assez directement intéressés à maintenir le prestige de la Légion d'honneur, pour qu'on put sans danger remettre entre leurs mains l'exercice d'une semblable prérogative ? Depuis 1814, l'expérience avait bien des fois démontré que, pendant le temps plus ou moins long de leur passage au pouvoir, ils n'étaient que trop tentés de ne voir, dans la Légion d'honneur, qu'un merveilleux instrument de gouvernement dont il eut été naïf de ne pas tirer tout le parti possible. Tout les y invitait : le fait que ces décorations, tout au moins dans l'ordre civil, n'apportaient aucune charge au budget, la faveur qu'elles conservaient aux yeux du public, l'influence qu'elles pouvaient donner à celui qui en était le distributeur. Le chef de l'État qui sanctionnait toutes ces nominations aurait pu, en sa qualité de souverain chef de l'Ordre, se constituer le gardien de son crédit et mettre un frein à ces libéralités, mais la Légion d'honneur n'était qu'un accessoire parmi les immenses soucis qui lui incombaient et, de plus, de 1814 à 1848, par ses origines qui rappelaient l'Empire, notre institution était peu sympathique au pouvoir royal : il ne fallait donc rien attendre de ce côté.

Si telle était la situation, il ne faut pas s'étonner maintenant qu'elle ait duré fort longtemps. Tant que la Légion d'honneur demeura sous le régime des ordonnances et des décrets, le Gouvernement savait trop le prix de certaines décorations distribuées à propos, fût-ce même en dehors des conditions prescrites, pour s'imposer à lui-même un contrôle qui eut été une gêne.

En 1873, sous le gouvernement de la République, la participation plus effective des représentants du pays à la direction des affaires, allait amener une vive réaction contre l'état de choses ancien. Après la blessure que nos désastres de 1870 venaient d'infliger au sentiment national, l'attention devait naturellement se reporter sur une institution qui rappelait un glorieux passé.

Rien n'est plus intéressant que de suivre au *Journal officiel*, les débats qui se produisirent alors à l'Assemblée nationale ; ils rappellent, par leur ampleur, les discussions de 1802 au Tribunat et au Conseil d'État.

Comment allait-on procéder, pour opérer les réformes sur l'opportunité desquelles les différents partis étaient généralement d'accord ? Dans un esprit de défiance très naturel à l'égard du régime ancien, on pensa tout d'abord à une codification générale de la Légion d'honneur. Un projet de loi en 72 articles fut présenté. Dans la majeure partie de ses dispositions, il ne faisait que reproduire le décret de 1852, mais il offrait cet intérêt de placer la Légion d'honneur sous le régime de la loi.

Ce projet fut abandonné sur cette considération, que la réglementation établie par le décret de 1852 était en elle-même fort sage et qu'il suffisait pour donner satisfaction à l'opinion, d'établir des garanties qui pussent en assurer l'observation scrupuleuse. Aussi, au lieu de faire une loi générale dans son objet, se borna-t-on à rechercher isolément, quels pourraient être les moyens les plus efficaces pour empêcher le retour des abus que l'on avait eu tant de fois occasion de déplorer.

Sous l'empire de la législation antérieure à 1873, avons-nous dit, aucun contrôle n'avait existé, quant au droit de nomination. Cependant, sous la poussée de l'opinion publique, le gouvernement avait dû se résigner à établir quelques formalités dans l'exercice de cette prérogative.

Puisque les nominations étaient faites par décret, un premier système de garantie qui vient naturellement à l'esprit, pouvait consister dans la publication de ces décrets au *Bulletin des lois* et au *Moniteur Universel*. Par le fait de cette publication, les nominations se trouvaient soumises au contrôle très général de l'opinion publique et les ministres qui les avaient proposées pouvaient être appelés à en répondre devant les Chambres.

Il ne semblait pas que le gouvernement put se refuser à l'établissement d'une semblable mesure, et cependant la publication des nominations, proposée dans le projet du baron Mounier, fut repoussée en 1839.

A la Chambre des pairs et à la Chambre des députés, on avait vivement critiqué l'absence de cette garantie élémentaire et l'on avait conclu que si le gouvernement s'obstinait à dérober à la publicité les nominations qu'il avait faites, cela témoignait assez qu'il n'osait pas les défendre.

Ce fut seulement une loi de finances du 17 juillet 1845 qui imposa la publication au *Moniteur* de toutes les nominations faites dans la Légion d'honneur.

Dans la loi du 4 décembre 1849 on fit un pas de plus dans la même voie. En dehors de la publication des nominations et des promotions elles-mêmes, cette loi exigeait aussi la publication d'un exposé détaillé des services qui les auraient motivées.

Sur ce premier point la loi de 1873 n'a pas innové ; elle reproduit dans son article 2 l'esprit de la loi de 1849 : « Les décrets portant nomination ou promotion dans la Légion d'honneur sont insérés sous peine de nullité au *Journal officiel* ainsi qu'au *Bulletin des lois*. Ces décrets donnent pour chaque nomination ou promotion, l'exposé sommaire des services qui l'ont motivée et particulièrement s'il s'agit d'un fait méritant une récompense exceptionnelle. Ils doivent, en outre, pour chaque promotion, indiquer la date de l'obtention du grade précédent (1). »

Mais ce premier système de contrôle, pour logique qu'il puisse être, se trouvait forcément très imparfait. Le souci de l'opinion publique et de la responsabilité devant les Chambres, ne suffisait pas toujours à ar-

(1) Les étrangers peuvent aussi être nommés membres de la Légion d'honneur, mais aux termes de l'article 7 du décret du 16 mars 1852, ils sont admis et non reçus dans l'ordre, ils ne prêtent aucun serment et ne figurent pas dans le cadre fixé. Cette situation spéciale les mettait à l'abri de toutes les mesures restrictives ou de contrôle organisées

rêter les ministres dans la voie des abus et le plus souvent la publicité des nominations aboutissait à la constatation de scandales vis-à-vis desquels on restait impuissant.

Aussi, ne fut-ce pas surtout sur ce côté de la question, que portèrent les débats. On alla beaucoup plus loin, et l'on s'en prit directement à l'autorité qui avait été, jusque-là, chargée du soin des nominations.

Jusqu'à 1873, en effet, on avait admis sans conteste qu'en matière de nomination, le droit de décision devait appartenir au chef de l'État et le droit de présentation aux ministres. En présence des résultats souvent fâcheux auxquels ce système avait abouti, on se demanda s'il ne convenait pas de remettre le sort de la Légion d'honneur entre des mains plus soucieuses de son intérêt.

La commission, chargée d'élaborer le projet de loi, avait d'abord étudié plusieurs sytèmes qui enlevaient

par le décret de 1852 et la loi du 25 juillet 1873. Une loi du 4 juillet 1890 est venue combler cette lacune dans son article unique ainsi conçu : « Les nominations ou promotions faites à titre étranger dans l'ordre national de la Légion d'honneur sont insérées *au Journal officiel* et au *Bulletin des lois*, lorsqu'elles concernent des étrangers résidant habituellement en France, ou y exerçant une profession, un commerce ou une industrie quelconques. Ces étrangers, pour les dites nominations et promotions, seront soumis à toutes les conditions imposées aux citoyens français par les statuts de la Légion d'honneur, ainsi que par les lois, décrets et règlements qui en déterminent l'application. » Cette loi ne s'applique pas aux agents diplomatiques résidant en France.

au gouvernement, le droit d'apprécier, ou du moins d'apprécier sans avis et sans contrôle obligatoires, le mérite des candidats proposés pour la décoration.

Voici celui qu'elle se décida finalement à présenter à l'Assemblée nationale.

Il laissait au gouvernement le droit de présentation, mais donnait le droit de décision à un Conseil de l'Ordre dont les membres étaient élus. Ce Conseil serait ainsi composé : les représentants des armées de terre et de mer seraient élus au nombre de six, d'un côté par les maréchaux de France réunis aux Présidents des comités d'armes, de l'autre, par les amiraux réunis au Conseil d'amirauté ; pour les services civils, les sciences et les arts, le Conseil d'État, la Cour de cassation et l'Institut éliraient chacun deux membres.

Ce n'est qu'à la deuxième délibération de ce projet que le gouvernement parut prendre conscience de l'innovation capitale qu'il contenait.

Il lui opposa alors une vive résistence. Il soutint que lui seul était placé assez haut au-dessus des compétitions et des intérêts pour juger sainement des droits de ceux qui peuvent avoir bien mérité de la patrie.

Il allégua que, la responsabilité qu'il portait vis-à-vis de l'opinion publique et vis-à-vis des Chambres, ne devait pas être partagée avec un Grand Conseil en partie électif, qui rendrait des décisions anonymes. « De deux choses l'une », disait-on, « ou bien ce Grand Conseil, par la nature même des choses serait amené à couvrir plus de complaisances qu'il ne pourrait en réprimer, ou bien on verrait naître un esprit d'antagonisme entre le gouvernement et lui et l'institution de la Légion d'honneur se trouverait ébranlée et altérée, le jour où l'on pourrait croire que le juge suprême de l'honneur est récusé par une compagnie (1). »

On montra que, les ministres ne faisaient leurs propositions au chef de l'État, qu'après avoir pris à tous les degrés de la hiérarchie administrative au sommet de laquelle ils etaient placés, tous les renseignements de nature à éclairer leur choix. Quelles seraient, à côté de ces garanties de bonne information, celles dont pourrait disposer le Grand Conseil ?

Enfin, ajoutait-on, enlever au Gouvernement le droit absolu d'apprécier les services exceptionnels, qui sont, dans bien des cas des services spéciaux que lui seul connaît et peut apprécier, ce serait s'ingérer de la façon la plus fâcheuse dans sa direction politique.

Se rendant à ces considérations, l'Assemblée nationale n'adopta pas le projet qui lui était soumis, projet qui, cependant, s'efforçait d'imiter d'aussi près que possible les sages dispositions de loi de 1802.

Finalement les débats aboutirent au vote d'une disposition présentée par le Gouvernement et qui est devenue l'article 3 de la loi du 25 juillet 1873, ainsi conçu : « Les projets de décrets portant nomination ou pro-

(1) Séance de l'Assemblée nationale, *Journal off.* du 4 juillet 1873.

motion dans l'Ordre seront communiqués au Conseil de l'Ordre, qui vérifiera si les nominations ou promotions sont faites en conformité des lois, décrets et règlements en vigueur. La déclaration rendue par le Conseil à la suite de chaque vérification sera mentionnée dans chaque décret. »

Le mérite de cette disposition est d'avoir compris que le Conseil de l'Ordre ne devait pas rester étranger au droit de nomination. Mais en réalité la portée de l'innovation était loin de répondre à ce qu'on pouvait attendre de la loi de 1873. Voici qu'elles allaient être, en effet, les attributions nouvelles conférées au Conseil de l'Ordre : Il aurait à rechercher si le nombre des décorations attribuées à chaque ministre étaient dépassé, si le temps exigé pour passer d'un grade à un autre était accompli, si chaque candidat pour le grade de chevalier comptait vingt années de service ou bien si les services exceptionnels qui en tenaient lieu étaient mentionnés avec assez de détail. Mais son rôle s'arrêtait là, son contrôle ne s'attachait qu'à la partie extérieure et administrative des décrets. Il n'était, suivant l'expression du garde des sceaux, que « la sentinelle qui veille au respect de la légalité » (1), il demeurait incompétent pour juger du mérite des candidats proposés.

Ainsi comprise, la réforme était incomplète ; le système de contrôle de la loi de 1873 n'a pas empê-

(1) *Journal off.*, Chambre des députés, séance du 25 juin 1873.

ché les abus d'être très fréquents. Ils avaient, en effet, une source vis-à-vis de laquelle le Conseil de l'Ordre était entièrement désarmé et qui consistait dans la faculté d'accorder des décorations pour services extraordinaires.

La loi de 1802 n'avait pas prévu ces services extraordinaires, qui n'ont fait leur apparition qu'à la Restauration, précisément à l'époque où la Légion d'honneur entrait pour ainsi dire dans une voie de désorganisation. Nous les trouvons pour la première fois dans l'article 6 de l'ordonnance du 17 février 1815, puis dans l'ordonnance du 26 mars 1816.

Mais dans ces deux ordonnances, on avait bien compris que notamment dans l'Ordre civil, une mention d'un caractère aussi général pourrait donner naissance à de nombreux abus, et on avait entouré la constatation des services extraordinaires de formalités fort compliquées. Le décret de 1852 ne prit pas les mêmes précautions, non seulement il n'établit pas de garanties nouvelles, mais il ne reproduisit même pas les garanties anciennes.

La loi de 1873 n'a pas été plus prévoyante, elle a laissé les décorations pour services extraordinaires sous le même régime que les autres décorations, bien qu'il y ait entre elles une différence très marquée.

De tous les services dont la croix de la Légion d'honneur est le prix, les services extraordinaires sont, en effet, ceux dont l'appréciation est la plus délicate et peut prêter davantage à l'arbitraire. Tandis que le Conseil de l'Ordre, grâce au pouvoir nouveau que lui reconnaît la loi de 1873, peut facilement contrôler la durée des services, les actions d'éclat ou les blessures graves invoquées comme titres à la décoration, quand il se trouve, au contraire, en présence d'une décoration pour services extraordinaires, tout contrôle lui est impossible. Or, s'il est des cas où ces décorations correspondent à des services véritables qu'il est juste de récompenser, il est malheureusement certain aussi que dans beaucoup d'autres, la mention services extraordinaires n'est qu'une formule commode qui dispense les ministres de motiver leur choix d'une façon précise.

En 1895, on a pensé qu'il importait de relever dans l'opinion ces décorations pour services extraordinaires qui menaçaient d'être complètement discréditées. On a estimé avec raison, suivant nous, que le Conseil de l'Ordre, qui était plus directement intéressé que les ministres au bon renom de la Légion, devait avoir ici des pouvoirs plus étendus qu'en matière de nominations ordinaires et qu'il devait être appelé à se prononcer sur le mérite même des candidats. La loi de finances du 16 avril 1895 décida dans son article 34 que toute nomination dans la Légion d'honneur pour services exceptionnels ne pourrait être accordée *qu'après avis* du Conseil de l'Ordre.

Il est vrai, que dès le mois de juillet suivant, à la suite d'un vif dissentiment qui éclata entre les pouvoirs publics et le Conseil de l'Ordre, le législateur regretta cette extension donnée aux pouvoirs du Conseil.

Dans le projet déposé à la Chambre des députés le 22 octobre 1895, dont nous avons parlé plus haut, le gouvernement proposait de revenir sur l'article 34 de la loi du 16 avril. Comme garantie équivalente à l'avis du Conseil de l'Ordre, l'article 6 du projet disposait que toutes les nominations pour services exceptionnels seraient délibérées en conseil des ministres.

Le système actuel nous semble de beaucoup préférable. Si les ministres méconnaissent parfois l'intérêt supérieur de la Légion d'honneur au point de se servir des décorations pour aplanir les difficultés de leur politique personnelle, il n'est que trop juste de permettre au Conseil de l'Ordre d'intervenir pour se défendre lui-même. Du reste, l'avantage de cette situation consiste peut-être moins dans la réalité du contrôle opéré par le Conseil que dans la possibilité que ce contrôle a d'être exercé : la crainte d'un avis défavorable est de nature à engager les ministres à être très circonspects dans le choix de leurs candidats.

Au contraire, soumettre, les nominations pour services exceptionnels à une délibération en conseil des ministres, en supposant même que cette délibération fut sérieuse et ne se réduise pas à une simple formalité, ce serait augmenter le nombre des juges sans augmenter les garanties, puisque tous pourraient être plus ou moins dominés par les mêmes considérations personnelles.

CHAPITRE IV

DISCIPLINE DE LA LÉGION D'HONNEUR

Comme le fait remarquer M. Aucoc, ce n'est pas sans regret que l'on se voit obligé de parler d'action disciplinaire à propos de la Légion d'honneur. « Il serait à souhaiter que ceux qui à un moment donné ont paru dignes d'être signalés à leurs concitoyens comme des modèles, ne fussent pas exposés à subir l'humiliation d'une déchéance et à faire une chute d'autant plus lourde qu'ils tombent de plus haut. Mais l'humanité est sujette à ces alternatives de sentiments élevés et de passions basses, de dévouement et de vengeance ou de cupidité et tel qui s'est élevé dans des occasions favorables peut être amené à descendre, quand une nouvelle situation le place en présence d'épreuves inattendues (1). »

Il n'a donc pas suffi d'entourer l'admission dans l'Ordre de garanties multiples, il a encore fallu prévoir des fautes graves et déshonorantes des membres de la Légion

(1) Aucoc, *La discipline de la Légion d'honneur et le contrôle des nominations*, 1890, p. 3.

d'honneur et organiser pour les réprimer des mesures disciplinaires.

Comme en matière de contrôle des nominations, il faut ici distinguer deux périodes dans notre législation : celle qui a précédé la loi du 25 juillet 1873, et celle qui l'a suivie.

SECTION PREMIÈRE

LÉGISLATION DISCIPLINAIRE ANTÉRIEURE A LA LOI DU 25 JUILLET 1873.

La loi du 29 floréal an X n'avait pas réglementé elle-même le pouvoir disciplinaire, mais, en exécution de son article 10, fut bientôt pris le décret du 24 ventôse an XII qui réglait le premier, les cas d'exclusion ou de simple suspension de l'Ordre. Les dispositions de ce décret passèrent dans l'ordonnance du 26 mars 1816 et ensuite dans les décrets du 16 mars et du 24 novembre 1852.

Sous l'empire des décrets de 1852, les mesures disciplinaires de la radiation et de la suspension peuvent être appliquées dans deux séries d'hypothèses :

1° De plein droit et par application de la loi, à la suite de la perte de la qualité de citoyen français ;

2° En vertu du pouvoir d'appréciation du Président

de la République, sur la proposition du grand chancelier et après avis du Conseil de l'Ordre, à la suite de condamnations correctionnelles.

I. — Mesures disciplinaires encourues de plein droit.

L'article 38 du décret du 16 mars 1852 est ainsi conçu : « La qualité de membre de la Légion d'honneur se perd par les mêmes causes que celles qui font perdre la qualité de citoyen français. »

Quelle est exactement la portée de ce texte et quelles sont les hypothèses qu'il prévoit ? Existe-t-il en droit, une qualité de citoyen ?

Après la Révolution, qui avait rendu tous les Français citoyens, l'usage s'était introduit de dénommer plus spécialement *citoyens actifs*, ceux qui avaient l'exercice des droits politiques. Cette qualification tomba vite en désuétude ; elle prêtait aux quolibets, car elle semblait appeler par opposition l'épithète d'*inactifs* pour les citoyens qui ne jouissaient pas de ces droits.

Cependant la Constitution de l'an VIII, à son tour, distingua très nettement la qualité de Français et celle de citoyen, en fixant à six le nombre des conditions requises pour être citoyen.

L'article 7 du Code civil consacrait le même principe. Il disposait que pour avoir les droits civils, il suffisait d'être Français, mais que pour avoir les droits politiques, il fallait en outre être citoyen, qualité qui s'acquérait conformément à la loi constitutionnelle, c'est-à-dire conformément à la Constitution de l'an VIII.

Mais qu'est devenu ce système depuis 1804 ? La Constitution de l'an VIII a été abrogée en 1814, or, depuis cette époque, aucun texte n'est venu régler ni même prévoir la qualité de citoyen. Beaucoup de lois sont aussi venues régler les droits politiques, aucune d'elles n'a jamais considéré ces droits comme formant un ensemble dont la jouissance constituerait la qualité de citoyen. En Droit pénal, notamment, il existe des cas de privation totale ou partielle des droits civils et politiques, mais, nulle part il n'est question de la perte de la qualité de citoyen.

Nous croyons donc pouvoir conclure que l'article 38 a employé une qualification impropre, car en 1852, pas plus qu'aujourd'hui, il n'existait en droit de qualité de citoyen (1).

Nous ne pouvons cependant avoir de doutes sur l'objet exact de sa disposition ; cet article vise évidemment deux séries d'hypothèses :

1° Les cas de perte de la nationalité française ;

1° Les cas de perte des droits politiques à la suite de condamnations criminelles.

D'ailleurs, toute incertitude à cet égard est enlevée par l'article 1er du décret du 24 novembre 1852 qui est

(1) Cependant la jurisprudence s'est prononcée en sens contraire dans quelques arrêts assez récents. V. Beudant, *Cours de Droit civil français*, t. I, p. 84 et suiv.

au décret organique du 16 mars, ce qu'une disposition de procédure est à un texte de principe. Cet article dispose, en effet, que « tout individu qui a perdu la qualité de Français est rayé des matricules de l'Ordre... La même radiation a lieu dans la même forme sur le vu de tout jugement rendu contre un membre de l'Ordre et portant condamnation à une peine afflictive ou infamante ou emportant la dégradation militaire. »

Nous allons rapidement passer en revue ces deux catégories d'hypothèses.

A. — *Radiation à la suite de la perte de la nationalité française.*

Si le gouvernement français estime qu'il peut dans certains cas, conférer la croix de la Légion d'honneur à des étrangers, qu'il a jugé dignes de cette distinction, il ne s'ensuit pas qu'un légionnaire français qui perd sa nationalité par un acte de sa volonté, puisse conserver encore sa décoration. Peut-être, en abdiquant sa nationalité a-t-il simplement voulu se soustraire aux charges qu'elle lui imposait, avec la secrète pensée de se prévaloir encore des prérogatives auxquelles elle lui avait donné droit. L'article 38 du décret de 1852 prévient ce calcul et déclare le légionnaire qui perd sa qualité de Français déchu de son titre de membre de la Légion d'honneur.

Aux termes de l'article 17 du Code civil (rédaction de la loi du 26 juin 1889), perdent la qualité de Français :

1° Le Français naturalisé à l'étranger ou celui qui acquiert sur sa demande la nationalité étrangère par l'effet de la loi;

2° Le Français qui a décliné la nationalité française dans les cas prévus au § 4 de l'article 8 et aux articles 12 et 18 du Code civil;

3° Le Français qui ayant accepté des fonctions publiques conférées par un gouvernement étranger les conserve, nonobstant l'injonction du gouvernement français de les résigner dans un délai déterminé;

4° Le Français qui sans autorisation du gouvernement prend du service militaire à l'étranger.

B. — *Radiation à la suite de peines entraînant la dégradation civique ou la dégradation militaire.*

Toutes les peines criminelles entraînent la dégradation civique, peine infamante dont les effets prévus par l'article 34 du Code pénal, consistent dans la privation de tous les droits civils et politiques et notamment dans la privation du droit de porter aucune décoration.

Par conséquent, toutes les condamnations criminelles aussi bien celles encourues pour des crimes politiques, que celles encourues pour des crimes de droit commun, emporteront de plein droit la perte de la qualité de légionnaire; il en sera de même de toutes les condamnations qui entraînent la dégradation militaire. Ce résultat sera fatal. Le pouvoir disciplinaire spécial à la Légion d'honneur n'aura aucun droit d'appréciation, il n'aura pas à se demander, s'il convient ou non de prononcer la radiation, elle est de droit, il n'y a qu'à l'enregistrer.

L'article 1er du décret du 24 novembre 1852 est ainsi conçu : « Tout individu qui a perdu la qualité de Français est rayé des matricules de l'Ordre à la diligence du grand chancelier de la Légion d'honneur, le Conseil de l'Ordre préalablement entendu.

La même radiation a lieu dans la même forme sur le vu de tout jugement rendu contre un membre de l'Ordre et portant condamnation à une peine afflictive ou infamante ou emportant la dégradation militaire. »

La radiation se réduira donc à une pure formalité administrative dans les bureaux de la Grande Chancellerie ; elle ne saurait, suivant nous, donner lieu à aucune délibération du Conseil quant au fond ; si l'article que nous venons de citer porte que le Conseil de l'Ordre doit être entendu, c'est uniquement, nous semble-t-il, pour la vérification de l'identité du légionnaire condamné.

Les articles 42 et 43 soumettent cependant la radiation à une condition : celle de la dégradation préalable.

Article 42 : « Les procureurs généraux auprès des cours d'appels et les rapporteurs auprès des conseils de guerre ne peuvent faire exécuter aucune peine infamante contre un membre de la Légion, *qu'il n'ait été dégradé.* »

Article 43 : Pour cette dégradation, le Président de

la cour d'appel, sur le réquisitoire de l'avocat général, ou le Président du conseil de guerre, sur le réquisitoire du rapporteur, prononce immédiatement après la lecture du jugement, la formule suivante : « *Vous avez manqué à l'honneur : je déclare, au nom de la Légion, que vous avez cessé d'en être membre.* »

On peut se demander si la dégradation prescrite par les articles 42 et 43 du décret de 1852 est une condition *sine qua non* de la radiation ; en d'autres termes, supposons que la dégradation n'ait pas été prononcée après la lecture du jugement, la radiation sera-t-elle par là même devenue impossible ?

Nous ne le pensons pas.

Toutes les condamnations criminelles, avons-nous dit, entraînent de plein droit la dégradation civique. Ce résultat découle de la condamnation, sans qu'il soit besoin pour les juges d'en faire mention dans leur sentence et sans qu'il soit en leur pouvoir d'en dispenser le condamné. D'un autre côté, la dégradation civique est une peine indivisible dans ses effets ; dès qu'elle sera encourue, elle entraînera pour celui qui en est frappé, toutes les déchéances prévues à l'article 34 du Code pénal, sans qu'il soit non plus au pouvoir du juge, de dispenser le condamné de l'une quelconque de ces déchéances.

Or, qu'arriverait-il si on admettait que par suite de l'omission de la formalité prescrite par les article 42 et 43, la radiation est devenue impossible ? Il arriverait, qu'au mépris du principe d'indivisibilité, la dégradation civique produirait tous ses effets sauf un ; il arriverait surtout cette conséquence singulière, que la radiation de la Légion d'honneur à la suite de condamnations criminelles qui doit résulter de plein droit de la loi, dépendrait en fait du bon plaisir du juge, qui n'aurait pour l'empêcher, qu'à ne pas prononcer la formule de la dégradation.

Ce résultat nous semble si manifestement contraire au texte même de la loi, que nous n'hésitons pas à l'écarter.

On peut nous objecter que notre argumentation ne tient aucun compte de la forme prohibitive dans laquelle est conçu l'article 42 : « Les procureurs généraux auprès des Cours d'appel et les rapporteurs auprès des Conseils de guerre *ne peuvent faire exécuter aucune peine infamante contre un membre de la Légion qu'il n'ait été dégradé.* »

N'y a-t-il pas là, peut-on dire, une prohibition très nette de passer outre à la radiation, lorsque la formule de la dégradation n'aura pas été prononcée ? Pour juger de la valeur de l'objection, il nous faut rechercher historiquement quel est le but de la formalité de la dégradation.

La dégradation mentionnée dans les articles 42 et 43 est une des rares survivances en droit moderne des marques extérieures de flétrissure qui étaient dans l'ancien droit et même dans le droit intermédiaire la conséquence de certaines peines infamantes. Dans le Code pénal de 1791 (art. 31), la dégradation civique avait encore une manifestation extérieure, elle comportait la mise au carcan et l'exposition. Le Code de 1810 a supprimé, en matière civile, les pratiques anciennes empreintes d'une cruauté qui répugne à nos mœurs actuelles, mais nous trouvons encore des vestiges du passé dans deux matières spéciales : les statuts de la Légion d'honneur et le Code de justice militaire.

Quand un militaire a encouru une peine qui entraîne la dégradation, celle-ci a lieu avec un cérémonial qui rappelle d'assez près celui qui était en usage sous l'empire du Code de 1791 (1).

Le but de cet appareil est de frapper davantage l'esprit des compagnons d'armes du coupable ; toutes les peines du Code de justice militaire doivent avoir, en effet, le plus grand pouvoir possible d'intimidation et d'exemplarité pour maintenir la discipline dans l'armée.

(1) Aux termes de l'article 190 du Code de justice militaire pour les armées de terre de 1857 :

« Tout militaire qui doit subir la dégradation militaire est conduit devant les troupes sous les armes. Après la lecture du jugement, le commandant prononce ces mots à haute voix : « X..., vous êtes indigne de porter les armes, au nom du Président de la République, nous vous dégradons. »

« Aussitôt, tous les insignes militaires et les décorations dont le condamné est revêtu lui sont enlevés, et s'il est officier, son épée est brisée et jetée à terre devant lui. »

En matière de Légion d'honneur, aux termes de l'article 42 du décret du 16 mars 1852, quand une condamnation emportant la dégradation civique est prononcée contre un membre de l'Ordre, on a décidé que le condamné serait l'objet d'une dégradation spéciale qui doit être prononcée dans l'arrêt. Or, le but de cette mesure spéciale nous semble consister moins dans une idée d'exemplarité que dans une pensée d'aggravation de la peine elle-même. On a voulu infliger au condamné qui a failli si gravement une humiliation de plus, en le flétrissant publiquement au nom de la Légion d'honneur devant tout l'auditoire qui a su son crime et qui a pu mesurer l'étendue de sa déchéance.

Or, l'omission de cette cérémonie destinée surtout à aggraver la peine, pourrait-elle entraîner l'inexécution même de cette peine et mettre ainsi le légionnaire à l'abri de toute radiation ? Nous ne pouvons pas l'admettre. L'omission de la formalité prescrite par l'article 42 n'empêche pas la dégradation civique d'être encourue, avec tout son cortège de déchéances fatales, au nombre desquelles doit figurer nécessairement, à nos yeux, la radiation de l'Ordre (1).

(1) Cette question présente un caractère très vif d'actualité. Dans le procès récent de la Haute-Cour fut, en effet, omise après la lecture de l'arrêt la formalité de la dégradation spéciale prévue à l'article 42, contre M. Déroulède, membre de la Légion d'honneur. Bien que nous soyons ici en matière de condamnation pour crime politique et que nous ayons quelque peine à considérer, conformément à la loi, que

A côté de ces cas de radiation de plein droit peuvent aussi se produire quelques cas de suspension de plein droit. L'article 39 du décret du 16 mars 1852 dispose en effet, que l'exercice des droits et prérogatives des membres de la Légion d'honneur est suspendu par les mêmes causes que celles qui suspendent les droits de citoyen français.

Les articles 3 et 4 du décret du 24 novembre 1852, contiennent quelques applications de ce principe pour les militaires. Ils établissent que la condamnation à l'une des peines des travaux publics et de l'emprisonnement, l'envoi par punition dans une compagnie de discipline entraînent la suspension des droits et prérogatives, ainsi que du traitement attaché à la qualité de membre de la Légion d'honneur pendant la durée de la peine ou de la punition.

Pour les légionnaires civils, il résulte de la combinaison des articles 1 et 2 du décret du 24 novembre 1852 avec les articles 4 et 5 de la constitution du 22 frimaire an VIII que la qualité de citoyen et par conséquent celle de légionnaire est suspendue notamment par l'état de débiteur failli ou de contumace.

de semblables condamnations présentent toujours un caractère infamant, nous nous trouvons liés par le Code pénal. Nous pensons donc que la solution que nous avons indiquée ci-dessus, quelque rigoureuse qu'elle paraisse dans l'espèce, est la seule qui puisse être suivie. Le Conseil de l'Ordre n'a pas encore fait connaître si la radiation avait été opérée, nous ne croyons pas pourtant que l'hésitation soit possible.

II. — Mesures disciplinaires prises par le Président de la République en vertu de son pouvoir d'appréciation à la suite de condamnations correctionnelles.

Jusqu'à la charte du 19 juillet 1814, ce pouvoir fut attribué au Grand Conseil ; depuis cette époque, il a constamment été reconnu au chef de l'État qui l'exerce sur la proposition du grand chancelier après avis du Conseil de l'Ordre.

L'article 46 du décret du 16 mars 1852 l'établit en ces termes : « Le chef de l'État peut suspendre en tout ou en partie l'exercice des droits et prérogatives ainsi que le traitement attaché à la qualité de membre de la Légion d'honneur, lorsque la nature du délit et la gravité de la peine prononcée correctionnellement paraissent rendre cette mesure nécessaire. »

Ce texte consacre en termes si généraux le pouvoir d'appréciation du Président de la République, en matière de mesures disciplinaires à prendre à la suite de condamnations correctionnelles, qu'il ne semble pas possible de lui apporter une restriction quelconque.

On a cependant soutenu, que notamment à la suite de condamnations à une simple amende, la radiation que prononcerait le Président de la République, étant une mesure trop rigoureuse comparée au délit et à la peine encourue, pourrait être considérée comme entachée d'excès de pouvoirs.

On a également soutenu, que dans tous les cas de condamnations correctionnelles à la suite desquelles la radiation des listes électorales était encourue, on sortait du domaine de l'article 46 et que par conséquent la radiation ou la suppression de l'Ordre n'étaient plus alors subordonnées à l'appréciation du chef de l'État, mais devaient avoir lieu de plein droit.

Pour l'instant, nous nous contentons d'indiquer ces différentes controverses que nous retrouverons en étudiant le recours au Conseil d'État.

Pour que les jugements puissent entraîner des mesures disciplinaires, il est nécessaire qu'ils soient définitifs et exécutoires et n'aient pas donné lieu à un pourvoi devant la Cour de cassation. A cet effet, l'article 41 du décret du 16 mars 1852 porte que « toutes fois qu'il y a eu recours en cassation contre un jugement rendu en matière criminelle, correctionnelle ou de police, relatif à un légionnaire, le procureur général auprès de la Cour de cassation en rend compte sans délai au ministre de la Justice, qui en donne avis au grand chancelier de la Légion d'honneur ».

Le pourvoi suspend l'action disciplinaire et la cassation de l'arrêt la supprime : pour la faire renaître, il faudrait une nouvelle condamnation.

Pour assurer l'application des mesures qui précèdent, il fallait que la Grande Chancellerie fut tenue exactement au courant des condamnations prononcées contre les légionnaires.

L'article 3 de l'arrêté du 24 ventôse an XII prescrivait déjà que le grand-juge (ministre de la Justice), les ministres de la Guerre et de la Marine devaient transmettre au grand chancelier les jugements criminels correctionnels ou de police concernant les membres de l'Ordre.

L'article 40 du décret du 16 mars 1852 a reproduit ces dispositions.

Une fois la radiation ou la suspension opérée, le grand chancelier en informe le ministre de la Justice s'il s'agit d'un individu non militaire, et les ministres de la Guerre et de la Marine. s'il s'agit d'un militaire ou d'un marin, ou d'un individu assimilé aux militaires ou marins (art. 8 du décret du 24 nov. 1852).

Tout individu qui, après son exclusion ou sa radiation de l'Ordre, continuerait à porter les insignes de la Légion d'honneur serait poursuivi et puni conformément à l'article 259 du Code pénal (emprisonnement de 6 mois à 2 ans, amende de 500 à 10,000 francs); (article 9 même décret).

SECTION II

EXTENSION DU POUVOIR DISCIPLINAIRE PAR LA LOI DU 25 JUILLET 1873 ET LE DÉCRET DU 14 AVRIL 1874.

Sous l'empire de la législation que nous venons d'étudier, le rôle du pouvoir disciplinaire a été, somme toute, très effacé.

Pour qu'un légionnaire put être l'objet d'une mesure disciplinaire, il fallait qu'il eût été, au préalable, frappé d'une condamnation pénale. Si la condamnation était de celles qui emportent la dégradation civique ou la dégradation militaire, la mission du pouvoir disciplinaire se bornait à enregistrer la solution écrite dans la loi. Si la condamnation était, au contraire, une condamnation correctionnelle, il avait alors un certain pouvoir d'appréciation, il devait déduire les conséquences de cette condamnation au point de vue de l'honneur, c'est-à-dire rechercher si le degré d'immoralité de la peine encourue était de nature à motiver soit la suspension, soit la radiation de l'Ordre.

Le pouvoir disciplinaire suivait donc les mêmes principes que l'action publique. Il n'assujettissait pas les légionnaires, en tant que tels, à des obligations spéciales d'un caractère plus rigoureux que les obligations de droit commun ; il n'était susceptible d'être exercé que lorsqu'un membre de l'Ordre avait accompli un acte tombant sous le coup de la loi pénale et que la justice avait prononcé une peine.

Ainsi entendu, le pouvoir disciplinaire ne pouvait être efficace.

D'un côté, comme nous le verrons bientôt, il existe des cas assez nombreux, où malgré une violation de la loi pénale qui pourrait normalement faire l'objet d'une poursuite, l'action publique ne peut, par suite de circonstances particulières, être mise en mouvement ou suivre son cours régulier.

D'un autre côté, la société en établissant des lois dans l'intérêt de sa défense, n'a pu imposer aux citoyens que des obligations d'un caractère très général. Non seulement, elle ne pouvait attacher de sanction à des actes qui relèvent du domaine de la morale pure, mais elle ne pouvait même pas, à peine d'entamer la liberté civile, frapper tous les actes contraires à l'honnêteté au sens large du mot et encore moins ceux qui sont simplement contraires à la délicatesse, alors même qu'ils causent un dommage à autrui ou produisent du scandale.

Dans de semblables hypothèses où l'action disciplinaire paraissait s'imposer d'autant plus vivement qu'elle eût été le seul remède à des situations où l'impunité était choquante, son exercice se trouvait paralysé par l'inaction de l'action publique.

Quel est le but du pouvoir disciplinaire ? C'est de veiller au maintien du crédit et de la dignité de l'Ordre ; c'est de tenir la main, non pas seulement à ce que les légionnaires agissent conformément aux lois, car « *non omne quod licet honestum est* » mais plutôt conformément aux règles dictées par la conscience des honnêtes gens. S'il était impossible à la société, s'adressant à la masse des citoyens, de consacrer dans ses lois un idéal aussi élevé, cet idéal s'imposait tout naturellement au contraire à un ordre d'élite, composé de membres que le soupçon d'indignité ne devrait même pas effleurer.

Or, il s'est trouvé que jusqu'à 1873, le pouvoir disciplinaire dont le rôle logique était de compléter la loi pénale et de suppléer à l'impuissance de l'action publique, a été constamment subordonné dans tous les cas à cette action ; il est visible que dans de semblables conditions il ne pouvait atteindre son but.

Dès l'ordonnance du 26 mars 1816, cependant, les dispositions du décret du 24 ventôse an XII sur la discipline de l'Ordre avaient paru fort incomplètes et l'article 62 de cette ordonnance avait décidé qu'un règlement particulier viendrait déterminer les peines à infliger pour des actions qui ne peuvent être l'objet d'aucune poursuite devant les tribunaux ou les conseils de guerre et qui cependant attentent à l'honneur. Un projet de règlement en ce sens fut présenté en 1817 par le maréchal Macdonald alors grand chancelier. Ce projet instituait un conseil de discipline de sept membres dont la mission était précisément de suppléer à la loi pénale toutes les fois que celle-ci demeurerait impuissante.

Le Conseil d'État à qui le projet avait été soumis ne l'adopta qu'avec des modifications telles que son auteur estimant qu'il ne pourrait plus remplir le but proposé, le retira.

Le Conseil d'État se retrancha derrière le danger qu'il y aurait à consacrer un pouvoir arbitraire dont il était impossible de prévoir les limites. Il déclara qu'un Conseil de discipline, de même qu'un tribunal, ne pouvait condamner que dans des cas spécialement prévus par la loi et qu'il ne pouvait prétendre à frapper des actions très justement réprouvées par les gens d'honneur, mais qu'aucune loi ne poursuit et dont l'opinion a seule le droit de faire justice.

L'idée fut cependant reprise dans le décret du 24 novembre 1852.

La législation militaire avait été remaniée par la loi du 19 mai 1834 et en vertu des dispositions nouvelles, il était permis d'enlever leur grade à des officiers qui s'étaient rendus coupables d'actes ne tombant pas sous l'application de la loi pénale. En pareil cas, ces officiers étaient traduits devant un Conseil d'enquête, et après avis de ce Conseil, le chef de l'État décidait de la mesure disciplinaire à prendre à leur égard. Par une assimilation qui s'imposait, on pensa que l'officier privé de son grade dans de pareilles conditions devait être aussi privé du droit de porter la croix de la Légion d'honneur. Ce fut l'objet du 2me alinéa de l'art. 5 du décret du 24 novembre 1852 ainsi conçu : « Les mêmes décisions (radiation ou suspension) peuvent être prises dans la même forme contre tout officier des armées de terre et mer mis en retrait d'emploi pour inconduite habituelle ou pour faute contre l'honneur. »

Par conséquent, depuis le décret du 24 novembre 1852, il y eut donc une catégorie de légionnaires, les légionnaires officiers des armées de terre et de mer, qui purent être rayés ou suspendus de la Légion d'honneur indépendamment de toute condamnation proprement dite.

Enfin la loi du 15 juillet 1873 sur les récompenses nationales vint consacrer dans son article 6 le principe déjà posé dans l'ordonnance de 1816, à savoir que des mesures disciplinaires seraient infligées pour les actions qui ne peuvent être l'objet d'aucune poursuite devant les tribunaux ou les Conseils de guerre et qui cependant attentent à l'honneur. Elle laissait à un règlement pris dans la forme des règlements d'administration publique le soin de déterminer les mesures à prendre.

Or, au moment où cette loi était en discussion, la Grande Chancellerie préparait de son côté un projet de règlement général sur la discipline. C'est ce projet que le gouvernement s'est approprié et qui après avoir été discuté au Conseil d'État est devenu le décret du 14 avril 1874.

Nous allons étudier la procédure organisée par ce décret et les principales difficultés d'application auxquelles elle a donné lieu.

Décret du 14 avril 1874. — Procédure.

Aux deux séries de cas d'application des mesures disciplinaires prévues par la législation ancienne, la loi de 1873 est donc venue en ajouter une troisième, celle des mesures disciplinaires prises indépendamment de toute condamnation.

Cette extension du pouvoir disciplinaire constituait une innovation de la plus grave importance ; si l'on ne réglementait pas d'une façon toute spéciale ce pouvoir nouveau, on s'exposait à ce qu'il devînt facilement arbitraire, puisqu'étant précisément créé pour suppléer à la loi, il allait s'exercer en dehors des cas qu'elle prévoit.

A cet égard, le décret de 1874 a organisé tout un système de procédure, imité de celui qui était suivi par les conseils de guerre statuant en vertu de la loi du 19 mai 1834 sur la mise en retrait d'emploi ou à la réforme des officiers. Nous allons voir que cette procédure présente pour les accusés de nombreuses garanties.

Son application obéit à des règles différentes suivant qu'il s'agit de légionnaires civils ou de légionnaires militaires.

S'agit-il d'un légionnaire civil ? Quand une plainte ou un rapport sont adressés au grand chancelier, au sujet d'un acte portant atteinte à l'honneur, celui-ci fait procéder à une information sommaire, à la suite de laquelle il décide s'il y a lieu ou non de suivre l'affaire.

L'article 3 du décret énumère différentes autorités qui sont tenues de rendre compte au grand chancelier des faits graves dont elles viendraient à être informées ; ce sont : les préfets, sous-préfets, maires, les officiers de police judiciaire et aussi les ambassadeurs, ministres plénipotentiaires et consuls pour les actes de même nature commis en pays étrangers par des légionnaires français ou étrangers.

Si, après avoir procédé à cette information sommaire, le grand chancelier estime que l'affaire doit être suivie, il désigne trois membres de l'Ordre, d'un grade au moins égal à celui de l'inculpé pour entendre ses explications et recueillir les renseignements nécessaires. L'inculpé aura un délai déterminé pour présenter devant cette Commission ses moyens de défense soit oralement, soit par écrit.

La Commission transmet alors au grand chancelier le mémoire justificatif ou le procès-verbal des explications fournies par l'inculpé en y joignant les renseignements qu'elle a pu recueillir et son avis.

Voici donc déjà un premier degré d'enquête, il en existe un second.

Le Conseil de l'Ordre peut, en effet, dans tous les cas

décider en outre que l'inculpé sera admis à donner des explications devant trois de ses membres désignés par le grand chancelier.

Le Conseil émet son avis sur les mesures disciplinaires qui doivent être prises, mais lorsqu'il conclut à l'exclusion sa décision doit réunir la majorité des votants.

L'avis donné par le Conseil ne saurait être modifié par le Président de la République qu'en faveur du légionnaire.

Enfin lorsque le légionnaire remplit des fonctions publiques, le ministre compétent devra être consulté deux fois : avant qu'il soit donné suite à la plainte et après que la commission d'enquête aura envoyé son avis au grand chancelier.

S'agit-il maintenant d'un légionnaire militaire? On a pensé que dans l'intérêt de la hiérarchie et de la discipline de l'armée, qu'un officier ne pouvait être déféré au Conseil de l'Ordre, tant que l'autorité militaire qui, elle aussi a son code de l'honneur, ne se serait pas prononcée sur les faits reprochés à l'officier.

Par conséquent toutes les mesures que nous avons indiquées pour l'enquête au premier degré à l'égard des légionnaires civils ne s'appliquent plus aux légionnaires militaires. On a pensé qu'ils trouveraient des garanties suffisantes dans la composition et la procédure des conseils d'enquête.

On a même admis que lorsque l'autorité militaire

avait condamné l'officier, le Conseil de l'Ordre pouvait statuer directement sans procéder a aucune nouvelle enquête.

Enfin aux mesures disciplinaires anciennes de la radiation et de la suspension, prononcées par le Président de la République sur le rapport du grand chancelier, le décret de 1874 en a ajouté une troisième, celle de la censure prononcée par le grand chancelier.

La procédure du décret de 1874 présente donc, en résumé, de sérieuses garanties. Elle comporte une instruction contradictoire, exige deux degrés d'examen, une majorité exceptionnelle pour la peine la plus grave, et si elle permet au chef de l'État d'adoucir la mesure proposée, elle ne lui permet pas de l'aggraver.

Champ d'application du décret de 1874.

Le pouvoir disciplinaire nouveau, avons-nous dit, a eu pour but d'établir des peines pour des actions portant atteinte à l'honneur et qui ne sont susceptibles d'aucune poursuite devant les tribunaux judiciaires ou les conseils de guerre.

Que faut-il entendre exactement par là ?

Nous avons déjà indiqué que le Code pénal permet, par cela même qu'il ne les réprime pas, des actes assez nombreux que réprouve cependant la conscience des honnêtes gens. Quand un acte de cette nature aura été porté à la connaissance du chancelier par une plainte ou un rapport, la procédure du décret de 1874 sera naturellement mise en mouvement et le Conseil donnera son avis sur l'opportunité de l'application d'une mesure disciplinaire.

Il peut arriver aussi qu'un acte normalement susceptible de poursuites ait cessé de l'être par l'effet de la prescription. Cet acte vis-à-vis duquel la justice se trouve désarmée n'est-il pas au sens propre du mot un acte qui n'est pas susceptible de poursuites?

Par conséquent, toutes les fois qu'une poursuite pénale aboutira à un acquittement, alors que les considérants du jugement relèveront des faits portant atteinte à l'honneur, mais qui sont prescrits ou n'ont pas de sanction dans la loi; toutes les fois aussi qu'une instruction qui a révélé des faits contraires à l'honneur sera clôturée par une ordonnance de non-lieu, notification devra être faite au grand chancelier par les soins du ministre de la Justice de ce jugement ou de cette ordonnance.

Mais le domaine du pouvoir disciplinaire prévu par le décret de 1874 s'arrête là. En aucun cas, l'action disciplinaire ne saurait entrer en concurrence avec l'action publique quand celle-ci peut être intentée et suivre son cours régulier.

Elle ne pourrait devancer l'action publique. En effet, lorsque l'acte est punissable, tant que l'action publique n'est pas éteinte et que la prescription n'est pas encourue, on ne se trouve pas dans la situation visée par la loi de 1873, et c'est le tribunal compétent qui a seul qualité pour agir.

Elle ne pourrait davantage reprendre au point de vue de l'honneur des faits au sujet desquels les tribunaux auraient purement et simplement prononcé l'acquittement. En effet, quand un tribunal prononce un acquittement pur et simple, cela suppose que le tribunal était compétent et qu'en outre l'affaire a suivi son cours régulier. On se trouvait en présence d'un fait punissable en lui-même, mais les juges ont estimé soit que l'inculpé était innocent, soit qu'il ne devait pas être puni ; en conséquence, ils ont prononcé une sentence définitive sur laquelle le pouvoir disciplinaire ne saurait revenir.

Une application particulièrement saisissante va nous montrer jusqu'à quel point un jugement prononçant l'acquittement peut encore paralyser l'exercice du pouvoir disciplinaire malgré l'extension donnée à ce pouvoir par la loi de 1873.

Il s'agit des accusés acquittés par le jury malgré leurs aveux formels. L'inculpé a avoué être l'auteur de l'acte pour lequel il est poursuivi, mais les jurés estimant que la peine écrite dans la loi est trop rigoureuse, plutôt que de rendre un verdict de culpabilité, préfèrent prononcer l'acquittement pur et simple. Le jury ne motivant pas son verdict, on ne peut reprendre au point de vue de l'honneur les faits qui ont cependant été avoués. L'inaction du pouvoir disciplinaire est ici particulièrement choquante, mais elle est commandée par une double sentence, celle du jury et celle de la Cour d'assises; aussi le Conseil de l'Ordre s'est-il résigné à n'intenter aucune poursuite disciplinaire.

Nous venons de voir que dans certains cas, quand le pouvoir disciplinaire sera saisi, il pourra se trouver en présence de faits que le pouvoir judiciaire aura déjà eu l'occasion d'apprécier; c'est ce qui arrivera notamment quand les tribunaux, après avoir reconnu la culpabilité d'un accusé, ne peuvent lui appliquer aucune peine, parce que la prescription est intervenue. Le Conseil de l'Ordre qui aura à statuer à son tour sera-t-il lié dans l'appréciation des faits par l'interprétation qu'en auront déjà donnée les tribunaux?

La question s'est posée dans une espèce récente, qui a eu un grand retentissement, et à l'occasion de laquelle le Conseil de l'Ordre a affirmé très nettement l'indépendance de sa juridiction.

Un officier de la Légion d'honneur avait été condamné par arrêt de la Cour de Paris du 9 février 1893 à deux ans d'emprisonnement et 20,000 francs d'amende pour complicité d'abus de confiance (1). Le 16 juin

(1) Dans cette affaire (affaire de Panama) étaient impliqués plusieurs légionnaires, dont l'un était grand officier. Or, nous avons vu plus haut, qu'aux termes de l'article 10 de la loi du 20 avril 1810, lorsque des grands officiers ou des grands-croix sont prévenus de délits de police correctionnelle, ce sont les cours d'appel qui en connaissent. Les autres coaccusés simples légionnaires ou officiers bénéficièrent aussi de ce privilège de juridiction.

1893, la Cour de cassation se fondant sur le motif de la prescription annulait cet arrêt. Quelle allait être la solution au point de vue disciplinaire ?

Incontestablement, puisque l'action publique se trouvait désarmée, il y avait lieu d'appliquer le principe de la loi de 1873 ; mais en quel sens fallait-il entendre cette application ?

Dans l'opinion la plus généralement suivie, on estimait que le légionnaire devait être infailliblement rayé de l'Ordre.

Si la prescription, disait-on, a pu être invoquée pour infirmer dans ses conséquences pénales l'arrêt de la cour de Paris, elle ne saurait effacer des considérants de cet arrêt, cette constatation que des faits portant atteinte à l'honneur ont été commis, car en matière d'honneur, il n'y a pas de prescription. Par conséquent, la tâche du Conseil de l'Ordre, quant à l'exercice du pouvoir disciplinaire paraissait très simplifiée. Malgré la prescription intervenue, comme la culpabilité semblait suffisamment démontrée par l'arrêt de la cour de Paris, on s'attendait à voir le Conseil de l'Ordre prononcer, pour ainsi dire, d'emblée la radiation, sans même se livrer à l'enquête spéciale prévue par le décret de 1874.

Mais l'attente générale fut déçue, le Conseil de l'Ordre prétendit au contraire que son droit d'appréciation n'était nullement lié par l'interprétation antérieure de la cour de Paris et que l'arrêt de cette cour, une fois cassé, il était libre de reprendre l'examen des faits à son point de vue. En conséquence, le légionnaire qui avait été traduit devant la double commission d'enquête prévue par le décret de 1874, n'ayant été reconnu coupable d'aucun fait contraire à l'honneur, était maintenu dans les cadres de la Légion.

Cette décision du Conseil de l'Ordre souleva l'opinion publique et motiva à la Chambre des députés une vive interpellation.

Dans un remarquable article sur la « discipline de la Légion d'honneur », publié en 1895, dans la *Revue politique et parlementaire*, M. Aucoc a résumé les principaux arguments sur lesquels le Conseil de l'Ordre s'était appuyé pour rendre une telle décision (1). Nous en extrayons le passage suivant : « Il n'y a de chose jugée au point de vue de la Légion d'honneur, que dans un jugement définitif de condamnation. Les autres actes constituent des documents à consulter, documents plus ou moins considérables, mais que le Conseil a le droit de discuter et le devoir d'écarter, si l'inculpé, dans l'instruction spéciale à la Légion d'honneur, démontre qu'ils contiennent une erreur de fait ou de droit. Qu'on y regarde de près. Ces documents, que ce soient des rapports d'un juge d'instruction accompagnés d'une ordonnance de non-lieu, des jugements de tribunal de première instance ou des arrêts de Cour, aboutissent tous à un acquittement ou à une suppres-

(1) Aucoc, op. cit., p. 216.

sion des poursuites. Or, si blessants que puissent être les motifs d'un jugement qui prononce un acquittement ils ne peuvent donner lieu à un pourvoi devant le juge supérieur ou devant la Cour de cassation. Ainsi, l'inculpé contre lequel il est reconnu que des poursuites ne peuvent être exercées, n'a pas de moyens de faire réviser par l'autorité judiciaire cette déclaration qu'il a commis un acte contraire à l'honneur. Il est donc indispensable que le juge spécial de l'honneur lui donne à cet égard le moyen de se défendre et puisse se prononcer en toute liberté sans être lié par une décision quelconque des autorités qui ont apprécié avant lui le même fait. »

En droit, cette argumentation ne saurait être critiquée, elle s'appuie même sur des considérations fort libérales qui la rendent particulièrement convaincante.

Il est certain qu'en dehors des cas de condamnation criminelle et de perte de la qualité de Français, c'est au Conseil de l'Ordre qu'il appartient de décider en dernière analyse, si un légionnaire a commis ou non un manquement à l'honneur. Or, si un jugement définitif de condamnation en matière correctionnelle n'entraîne pas la radiation de plein droit, *à fortiori* doit-il en être de même d'un jugement qui a perdu l'autorité de la chose jugée. Du reste, la juridiction suprême du Conseil de l'Ordre s'impose ici par cette raison toute naturelle, que c'est à lui qu'est confié le soin de veiller au crédit et à la dignité de l'Ordre.

BIBLIOTHÈQUE ... IMPRIMÉS

Pourquoi la décision du Conseil de l'Ordre a-t-elle donc été si vivement critiquée ?

C'est qu'on a estimé que dans l'espèce elle avait fait trop bon marché de l'autorité judiciaire. Cette critique mérite qu'on s'y arrête, et nous allons montrer qu'elle trouve un sérieux point d'appui dans les arguments tirés de l'esprit de la loi de 1873.

Le Conseil de l'Ordre estime que, toutes les fois qu'il est saisi en vertu du principe contenu dans l'article 6 de cette loi, il est, quoiqu'il arrive, souverain maître d'apprécier les faits. Une distinction ne doit-elle pas cependant être faite ?

En effet, le but de la procédure organisée par le décret de 1874 a été de permettre au Conseil de l'Ordre d'instruire et de juger des faits à l'égard desquels la loi pénale est muette. Comme on l'a dit à la Chambre des députés : « on a voulu atteindre les faits accomplis par ceux qui *naviguent* autour du Code pénal, qui grâce à une connaissance profonde de ses textes et de ses subtilités commettent une série d'actes indélicats sans jamais tomber dans le filet de la loi (1). »

Relativement à ces faits, aucune instance devant les tribunaux judiciaires n'étant possible, il a fallu instituer pour ainsi dire une sorte de suppléance de l'action publique : on a créé une procédure spéciale et le Conseil de l'Ordre jouit bien en pareil cas de la plus en-

(1) *Officiel*, séance du 13 janvier 1895.

tière liberté pour apprécier les faits et les mesures à prendre.

Mais le principe de la loi de 1873 s'étend aussi à des actes sur lesquels les tribunaux ont pu se prononcer, sans pourtant que le jugement ait produit ses effets au point de vue pénal, parce que les poursuites avaient été intentées trop tard et que la prescription était encourue. Faut-il dire dans cette hypothèse que la situation reste encore entière au point de vue de l'appréciation des faits et que le jugement cassé sur une question de prescription ne sera pour le Conseil de l'Ordre qu'un document à consulter et dont il sera libre de ne tenir aucun compte ?

Nous avons vu avec quel soin il fallait éviter tout empiétement du pouvoir disciplinaire sur le pouvoir judiciaire ; il y a à cela, nous semble-t-il, une raison capitale : c'est que, quelles que soient les garanties offertes aux accusés par la procédure du décret de 1874, elles ne sauraient être comparées à celles que présentent les tribunaux, à la fois quant à l'instruction de l'affaire, quant à la largeur et à la publicité des débats.

Sans nous placer sur le terrain des faits nous devons cependant reconnaître, que dans l'espèce de 1895, ils venaient singulièrement fortifier notre argumentation. L'autorité judiciaire qui avait rendu l'arrêt était la Cour de Paris statuant correctionnellement, ce qui constituait déjà pour l'accusé une juridiction de faveur ; l'enquête avait duré plus d'un an, 33 témoins avaient été entendus, et après 14 audiences consécutives, la Cour avait condamné au maximum de la peine.

Puis deux ans après seulement, sur la réquisition du Garde des Sceaux, le Conseil de l'Ordre faisait connaître sa décision, aux termes de laquelle aucun fait précis n'ayant été relevé contre l'inculpé, il était maintenu dans la Légion d'honneur.

Il est superflu d'insister sur le danger de pareils conflits. Sans doute, la loi de 1873 ne les a pas prévus, mais nous croyons qu'elle n'avait pas à les prévoir, car à défaut de son texte, son esprit suffisait pour les écarter. Si l'on part de ce point de vue que la procédure de 1874 est une procédure toute spéciale, créée pour réprimer des actes particuliers, et disposant de moyens d'information peu étendus, il apparaîtra qu'il ne faut en user que dans des cas strictement indispensables, pour revenir à la procédure-type aussi souvent que cela est possible. Or, dans l'espèce que nous étudions, l'arrêt de la Cour de Paris, bien que n'ayant pas autorité de chose jugée, nous semblait pour les raisons que nous avons indiquées, présenter toutes les garanties désirables de bonne justice et nous regrettons que le Conseil de l'Ordre n'ait pas cru devoir en tenir compte.

Du reste, l'incident n'en resta pas là. A la Chambre des députés, dans la séance du 13 juillet 1895, était proposé l'ordre du jour suivant : « La Chambre regrettant que le Conseil de l'Ordre de la Légion d'honneur ait tenu si peu de compte des arrêts de la Justice, invite le Gouvernement à déposer un projet de loi réorganisant le Conseil de l'Ordre. »

Cet ordre du jour, voté par 438 voix contre 2, motivait, trois jours après, la démission en masse des membres du Conseil de l'Ordre.

Dès le 22 octobre suivant, le Gouvernement déposait à la Chambre le projet qui lui avait été demandé.

Nous avons déjà rencontré plusieurs des innovations de ce projet auxquelles nous ne nous sommes pas ralliés, il nous reste à en examiner une dernière qui nous semblerait, au contraire, devoir être fort utile et que nous voudrions voir passer dans la législation.

L'article 5 du projet qui n'a été ni voté ni même discuté, était ainsi conçu : « Chaque année, un décret du Président de la République, rendu sur la proposition du Garde des sceaux, désignera un commissaire du Gouvernement et à son défaut un commissaire suppléant pour remplir les fonctions de ministère public dans les affaires disciplinaires poursuivies contre les membres de l'Ordre. »

On remarque, en effet, dans l'exposé des motifs de ce projet que, tandis que le droit de défense reste ouvert devant le Conseil de l'Ordre, statuant en matière de discipline, les plaintes portées à sa connaissance n'ont aucun organe officiel pour les soutenir. Il peut en résulter, dit-on, un énervement de la poursuite. « Quelle que soit la haute conscience de celui qui juge, elle peut être mise en défaut par une insuffisante connaissance des faits que préviendrait un débat contradictoire. L'institution d'un commissaire du gouvernement, porte-parole de sa pensée, semble tout naturellement indiquée pour écarter toute cause accidentelle d'erreur, et c'est surtout dans cette condition nouvelle de jugements approfondis que l'opinion devra trouver de quoi pleinement la rassurer. »

Pour notre part, nous nous rangeons très volontiers à cette innovation ; nous pensons que le Conseil de l'Ordre devrait aussi l'accueillir favorablement. Il ne devrait pas y voir une mesure de suspicion à son égard, mais un moyen de rendre sa juridiction actuelle plus parfaite encore, pour réaliser, d'une façon tout à fait complète, sa mission de juge suprême en matière d'honneur.

CHAPITRE V

DU RECOURS POUR EXCÈS DE POUVOIR EN MATIÈRE DISCIPLINAIRE

—

Après avoir signalé les différentes garanties que conférait pour les légionnaires l'exercice du pouvoir disciplinaire, il nous faut maintenant étudier la garantie suprême qui leur est encore offerte dans la possibilité d'intenter devant le Conseil d'État un recours pour excès de pouvoir.

Nous savons que d'une façon générale tous les actes administratifs qui ne sont pas des actes discrétionnaires peuvent être soumis à ce recours.

D'après certains auteurs il remonterait à la loi des 7-14 octobre 1790, et à partir de 1830, le Conseil d'État a pris l'habitude d'invoquer cette loi dans ses décisions.

Nous pensons, au contraire, conformément à l'opinion professée par M. Pillet à son cours de droit administratif, que la loi en question n'a été qu'un ensemble de résolutions émises par l'Assemblée nationale à l'occasion d'un conflit survenu au sujet de la ville de Gray, et qu'elle contient des recommandations aux autorités administratives et judiciaires plutôt qu'elle ne pose un principe ferme.

En dehors du décret du 2 novembre 1864 qui ne règle qu'une question de procédure (1), il faut arriver jusqu'à la loi du 24 mai 1872, pour trouver un texte général. L'article 9 de cette loi dispose que le Conseil d'État statue souverainement... sur les demandes d'annulation pour excès de pouvoir formées contre les actes des diverses autorités administratives.

En réalité, la théorie du recours pour excès de pouvoir a été presque complètement édifiée par la jurisprudence du Conseil d'État ; nous allons étudier les principales applications qui en ont été faites en matière de Légion d'honneur.

Nous savons que, d'après cette jurisprudence, tous les actes administratifs, qui ne sont pas des actes discrétionnaires peuvent être attaqués devant le Conseil d'État, quand ils sont entachés d'un vice, tel que l'incompétence, le défaut des formes, la violation de la loi ou des droits acquis. Or, nous avons dit, que les membres de la Légion d'honneur aux termes de l'article 4 du décret du 16 mars 1852 étaient nommés à vie et qu'il ne pouvaient perdre leur décoration que dans des

(1) Il dispense de tous frais autres que les droits de timbre et d'enregistrement, les recours portés devant le Conseil d'État contre les actes des autorités administratives pour incompétence ou excès de pouvoir.

cas limitativement déterminés. Par conséquent toute décision du chef de l'État, qui priverait un légionnaire de son titre ou de quelques-unes des prérogatives qui s'y rattachent, en dehors des cas prévus dans l'exercice du pouvoir disciplinaire, violerait un droit acquis et serait susceptible d'être portée devant le Conseil d'État.

Ceci posé, nous devons faire remarquer, que toutes les mesures disciplinaires ne peuvent, de ce chef, faire l'objet d'un recours devant le Conseil d'État, mais seulement celles qui sont prises par décret du Président de la République, en vertu de son pouvoir d'appréciation. La question ne saurait, en effet, se poser pour les mesures disciplinaires encourues de plein droit et par l'effet de la loi.

La première intervention du Conseil d'État en matière de décisions prises à l'égard des légionnaires remonte à un arrêt de 1831, elle est relative à une question de traitement (1).

A vrai dire, les considérants de cet arrêt ne dégagent pas encore le principe du recours pour excès de pouvoir, ils prennent seulement pour base le principe général d'après lequel l'acte administratif qui porte atteinte à un droit peut donner naissance à une réclamation devant le juge administratif.

Cet arrêt nous intéresse cependant, en ce que nous y

(1) Bulletin des arrêts du Conseil d'État. *Génevois*, 6 février 1831. Année 1831. p. 74.

trouvons soulevée pour la première fois, la question de savoir si le contentieux relatif à la Légion d'honneur est administratif ou judiciaire. Cette question de compétence fut, du reste, bien vite tranchée sur les observations que présenta le ministre des Finances. « L'administration de la Légion d'honneur, déclara-t-il, fait partie de l'administration publique, les fonds qui fournissent à ses dépenses proviennent du Trésor et sont portés au budget de l'État ; les comptes en sont soumis à la Cour des comptes, comme ceux de toutes les autres dépenses publiques, dès lors le contentieux qui dérive de cette administration fait nécessairement partie du contentieux administratif et doit par conséquent être porté devant le Conseil d'État. »

Cette argumentation ne pouvait faire aucun doute, et la question fut tranchée en ce sens.

Ce fut seulement en 1859 qu'a été consacré par deux arrêts du Conseil d'État portant la date du 2 juin le principe de l'admissibilité du recours pour excès de pouvoirs en matière de questions disciplinaires (1).

Nous allons indiquer les décisions d'espèce à l'occasion desquelles ce principe fut admis en même temps que les termes dans lesquels le Conseil d'État établit son droit d'intervention. Deux pourvois avaient été formés contre deux décrets prononçant l'un la radiation, l'autre la suspension de l'Ordre à la suite de décisions

(1) Bulletin des arrêts, Lebon, 1859 ; *Gosse*, *de Mussy* (2 juin).

ayant mis des officiers en non-activité par retrait d'emploi. La question d'excès de pouvoir se réduisait ici à la question de savoir si les décrets en question n'avaient pas fait une fausse application du § 2 de l'article 5 du décret du 24 novembre 1852 en assimilant à tort la situation de l'officier mis en non-activité pour inconduite habituelle à la situation de l'officier mis en réforme par application de l'article 12 de la loi du 19 mai 1834, après l'avis d'un conseil d'enquête.

A la vérité, la rédaction du § 2 de l'article 5 du décret de 1852 prêtait à quelque confusion. Cet article portait : « Les mêmes décisions (suspension ou exclusion) peuvent être prises dans la même forme... contre tout officier des armées de terre ou de mer *mis en retrait d'emploi* pour inconduite habituelle ou pour faute contre l'honneur. »

Les termes du décret qui contenaient l'expression « mis en retrait d'emploi » semblaient bien justifier la décision intervenue. mais un rapport du bureau de l'infanterie au ministère de la Guerre montra que, malgré les apparences, ce texte ne pouvait viser que les officiers mis à la réforme à la suite de mesures disciplinaires prises après avis d'un conseil d'enquête.

En effet, étant donné qu'aucun autre texte ne visait les officiers mis à la réforme, ces derniers se seraient trouvés à l'abri de toute mesure disciplinaire, bien que leur situation fût plus grave que celle des officiers mis simplement en non-activité par retrait d'emploi. L'officier en non-activité, à la différence des officiers mis en réforme, continue à faire partie de l'armée, il subit une punition disciplinaire et il est susceptible d'être rappelé au premier ordre sous les drapeaux. L'épaulette qu'il continue de porter est, comme la décoration, un signe d'honneur, pourquoi le priver de l'une en lui laissant l'autre ? Tandis que l'officier peut être mis en non-activité d'après un simple rapport du ministre, il ne peut être mis en réforme par mesure disciplinaire qu'après l'avis d'un conseil d'enquête. Or, dans ces conditions, le Conseil de l'Ordre, s'appuyant sur l'avis du conseil d'enquête, a tous les éléments et toutes les garanties nécessaires pour bien apprécier la conduite de l'officier, et s'il juge qu'il doive être proposé au chef de l'État pour être rayé des contrôles de la Légion d'honneur, la punition n'atteint qu'un officier déjà frappé par une condamnation à la suite d'un conseil d'enquête.

Le Conseil d'État, se prononçant sur le principe de l'admissibilité du recours, conclut en ces termes : « Pour qu'une radiation soit constitutionnellement prononcée, il faut que cette peine et le pouvoir de l'appliquer soient écrits dans la loi. L'empereur en son Conseil d'État est souverain réformateur de toutes les décisions administratives qui blessent des droits acquis. C'est donc au Conseil d'État qu'il appartient d'apprécier par la voie contentieuse, si la mesure a été prise par l'empereur dans la limite de ses pouvoirs, c'est-à-dire, dans les termes des décrets régissant la discipline de la Légion d'honneur et si elle ne porte pas une atteinte illégale à l'état de l'officier légionnaire (1). »

Le principe des recours pour excès de pouvoir étant admis, étudions la portée exacte et les limites qu'il comporte ; les difficultés qui se sont élevées au sujet de l'article 46 du décret du 16 mars 1852 vont nous en fournir l'occasion. Nous avons signalé plus haut le caractère de généralité des termes de cet article (2), et nous avons dit que le pouvoir d'appréciation, qu'il conférait au chef de l'État en matière de mesures disciplinaires prises à la suite de condamnations correctionnelles, ne semblait susceptible d'aucune limitation. Certains auteurs, au contraire, précisément à cause de la généralité des termes de l'article 46, ont pensé, qu'un pouvoir aussi étendu, reconnu au chef de l'État, appelait un correctif nécessaire, qu'ils voient dans la possibilité d'un recours au Conseil d'État en ce qui concerne l'appréciation de la gravité de la mesure disciplinaire.

Il y eut tout au moins une époque où cette opinion

(1) Pour remédier à la confusion que permettait le texte du § 2 de l'article 5 du décret du 24 novembre 1852, un autre décret du 8 décembre 1859 vint modifier cet article, en substituant aux mots « mis en retrait d'emploi », l'expression de mise en réforme pour inconduite habituelle ou faute contre l'honneur.

(2) Aux termes de l'article 46 du décret du 16 mars 1852 : le chef de l'État peut suspendre en tout ou en partie l'exercice des droits et prérogatives ainsi que le traitement attaché à la qualité de membre de la Légion d'honneur, et même exclure de la Légion, lorsque la nature du délit et la gravité de la peine paraissent rendre cette mesure nécessaire.

pouvait s'appuyer sur un texte, l'article 5 du décret du 24 novembre 1852 dont nous avons déjà parlé. Cet article, énumérant les peines qui pouvaient donner lieu à l'application du pouvoir disciplinaire s'arrête à l'emprisonnement et ne mentionne pas l'amende, qu'en conclure ?

Un arrêt du Conseil d'État du 15 janvier 1875 admit un pourvoi formé par un sieur Ballue exclu de l'Ordre pour deux condamnations à l'amende.

D'un côté, la Grande Chancellerie prétendait que le décret du 16 mars 1852, rendu dans la période dictatoriale, avait force de loi, que son article 46, assez large pour comprendre une peine correctionnelle quelconque, ne pouvait avoir été restreint par le décret du 24 novembre 1852, simple décret de procédure qui n'avait même pas été délibéré en Conseil d'État comme les règlements d'administration publique.

Elle invoquait de plus sa jurisprudence constante.

Le Conseil d'État fut d'un avis différent. Il considéra le décret du 24 novembre 1852 comme un décret spécial, rendu pour déterminer le mode d'exécution de l'action disciplinaire, dont le principe était posé dans l'article 46 du décret du 16 mars. Par conséquent, aussi longtemps que cet article n'aurait pas été abrogé, on devait considérer que les peines correctionnelles en vertu desquelles le chef de l'État pouvait prononcer la suspension ou la radiation, ne comprenaient pas l'amende (1).

(1) L'arrêt Ballue, en statuant sur l'article 5, n'avait visé que les

Du reste, comme la Grande Chancellerie résistait à se ranger à cette interprétation, un décret du 9 mai 1874 vint abroger l'article 5.

A partir de cet arrêt Ballue de 1875, qui, à vrai dire, statuait sur une situation remontant à une époque où l'article 5 du décret du 24 novembre 1852 était en vigueur, la jurisprudence change.

C'est ainsi qu'un arrêt du 26 mai 1876 (Lefebvre-Durufle) (1) vient décider formellement que « le chef de l'État a tous pouvoirs d'apprécier, à l'égard des légionnaires condamnés correctionnellement, le caractère de gravité du délit commis et de la peine encourue et, par suite, de décider s'il y a lieu de prononcer soit la radiation, soit la suspension, sans que l'appréciation du chef de l'État, dans ce cas, puisse donner ouverture à un recours devant le Conseil d'État.

Cet arrêt de 1876, si formel, a-t-il définitivement tranché la question en faveur de la liberté d'appréciation du chef de l'État ? Si la jurisprudence peut être considérée comme définitivement fixée, en doctrine, quelques auteurs résistent encore, nous allons citer M. Laferrière.

Le savant auteur de droit administratif passant en revue les différents arrêts qui ont suivi l'arrêt de 1876,

légionnaires militaires, la solution fut étendue par la jurisprudence aux légionnaires civils.

(1) Randoing, de Coetlogon, même solution. Voir Bulletin des arrêts du Conseil d'État. Arrêts du 26 mai 1876.

fait observer qu'aucun d'eux n'est motivé d'une façon aussi absolue que l'arrêt de 1876 lui-même, ce qui lui permet de croire que la jurisprudence du Conseil d'État n'est pas entièrement fixée. D'après lui, une mesure disciplinaire, si elle était trop rigoureuse et trop disproportionnée au délit et à la peine, par exemple une radiation prononcée pour un délit de chasse ou de pêche, ayant fait l'objet d'une simple condamnation à l'amende, pourrait être considérée comme entachée d'excès de pouvoir (1).

Cette opinion de M. Laferrière a été réfutée par M. Aucoc, à l'avis duquel nous nous rangeons (2).

Indépendamment de la difficulté qu'il y aurait à trouver, en fait, des cas de radiations survenues dans les hypothèses invoquées par M. Laferrière, M. Aucoc déclare ne voir aucune base aux réserves qu'il prétend faire.

M. Laferrière fait une confusion en considérant qu'il y aurait violation d'un droit acquis, lorsque le chef de l'État prononcerait la mesure grave de la radiation à la suite d'une peine correctionnelle, comme la condamnation à une amende, ne supposant pas, généralement, de la part du condamné, un bien grand degré d'immoralité. Il n'y aurait pas ici, au sens juridique du mot.

(1) Laferrière, *Traité de la juridiction administrative et du recours contentieux*, tome II, p. 539 et suiv.

(2) Aucoc, *La discipline de la Légion d'honneur*, *Revue politique et parlementaire*, 2e année (1895), t. V, nº 14, p. 206 et 207.

de violation de droits acquis, il y aurait seulement une application rigoureuse, il est vrai, de l'article 46, mais enfin une application strictement légale, étant donnés les termes de cet article.

En décider autrement, ce serait, remarque M. Aucoc, attribuer au Conseil d'État les pouvoirs d'un juge d'appel, ce serait lui donner le droit d'apprécier si la décision disciplinaire est exactement appropriée aux faits incriminés.

Or, nous savons que le Conseil d'État, statuant au contentieux en matière d'excès de pouvoir, n'a qu'une mission très limitée, celle de se prononcer sur la violation des règles établies par les lois ou les règlements.

Nous concluons donc, que les condamnations à l'amende peuvent faire l'objet d'une mesure disciplinaire quelconque, radiation ou suspension. Cette solution, que nous croyons être celle imposée par les textes, ne paraîtra pas toujours excessive si l'on considère en pratique le degré d'immoralité que peuvent supposer certaines de ces condamnations. Il nous suffira de citer les condamnations à l'amende pour diffamation et celles pour infraction à la loi sur les sociétés, quand un légionnaire, membre du conseil d'administration d'une société, aura par sa complicité rendu possibles des malversations ou des manœuvres frauduleuses au préjudice des actionnaires.

Quant aux condamnations de simple police, qui sont prononcées sans que le tribunal prenne en considération l'intention de celui qui les a commises, si elles ne sont pas prévues par l'article 46, elles sont cependant mentionnées dans l'article 40, ainsi conçu : « les ministres de la Justice, de la Guerre et de la Marine transmettent au grand chancelier des copies de tous les jugements en matière criminelle, correctionnelle *ou de police* relatifs à des membres de l'Ordre. » La jurisprudence du Conseil de l'Ordre, en matière de condamnation à une peine de simple police, est que ces condamnations, dans certains cas, peuvent motiver un avertissement de la part du grand chancelier.

Nous avons vu que, du chef de l'article 46, aucune limitation ne pouvait être apportée au pouvoir d'appréciation du chef de l'État, en matière correctionnelle. Certains auteurs ont cependant prétendu trouver d'autres cas de condamnations correctionnelles, où ce pouvoir d'appréciation serait totalement supprimé, puisque la radiation dans ces différents cas aurait lieu de plein droit.

Cette opinion se fonde sur la combinaison des articles 15 et 16 du décret organique du 2 février 1852 avec les articles 38 et 39 des statuts de la Légion d'honneur. Aux termes de ces articles 38 et 39 du décret du 16 mars 1852, la qualité de membre de la Légion d'honneur se perd ou est suspendue par les mêmes causes qui font perdre ou suspendent la qualité de citoyen français, ou plus exactement, la jouissance des droits politiques. Par conséquent, toute condamnation emportant privation temporaire ou définitive des droits électoraux devrait aussi entraîner de plein droit la suspension ou la radiation de l'Ordre. On applique notamment ce principe à tous les cas énumérés dans les articles 15 et 16 du décret du 2 février 1852 où les tribunaux jugeant correctionnellement prononcent l'interdiction du droit de vote et d'élection. Dans cette opinion la mesure disciplinaire serait donc commandée par les prescriptions de la loi électorale (1).

Nous repoussons cette doctrine qui se heurte d'une façon particulièrement nette à l'article 46 qui est bien le texte fondamental en matière de condamnations correctionnelles. Or cet article n'eut pas posé d'une manière aussi générale le principe de la liberté d'appréciation du chef de l'État, si ce principe comportait comme exceptions, tous les cas énumérés dans les articles 15 et 16 du décret du 2 février 1852. Une allusion aurait au moins été faite à ces exceptions dans l'article 46.

Du reste, le Conseil d'État, devant lequel fut présentée cette doctrine dans un arrêt du 20 février 1885, que nous retrouverons, ne semble pas l'avoir acceptée. Il paraît plutôt s'être rangé à l'opinion contraire puisque son arrêt ne vise que l'article 46. Nous reviendrons sur ce dernier point.

(1) Cette doctrine a été soutenue devant le Conseil d'État par le commissaire du gouvernement dans une affaire Delabourde (20 février 1885), S. 86, 3, 53.

Après avoir étudié le caractère et la portée du recours pour excès de pouvoir en matière disciplinaire, nous allons examiner quelques-unes des principales questions contentieuses qui ont été portées au Conseil d'État.

Déterminons tout d'abord, à quel moment précis la qualité de légionnaire est définitivement acquise.

L'admission dans l'Ordre comporte deux formalités distinctes, la nomination et la réception accompagnée de la prestation du serment.

D'après une jurisprudence constante qui remonte à la Restauration, la Grande Chancellerie estime que, tant que la réception n'est pas intervenue, la qualité de légionnaire n'est pas définitivement acquise.

En vertu de cette jurisprudence, on considérait qu'il était toujours possible au chef de l'État de retirer un décret de nomination dans l'intervalle qui s'écoulait entre la date où la nomination avait paru au *Journal officiel* et la date de la réception.

La question fut portée au Conseil d'État en 1833 à l'occasion du retrait d'une nomination dans les conditions que nous venons d'indiquer. Le Conseil d'État, qui ne reconnaissait pas encore à cette époque son droit d'intervention en pareille matière, rejeta le pourvoi qui lui était soumis sans résoudre la question.

Depuis cette époque, le Conseil d'État n'a plus eu l'occasion de se prononcer directement sur le point qui nous occupe, mais nous croyons cependant qu'il l'a indirectement tranché.

En 1873, en effet, trois pourvois lui furent soumis contre des décrets qui avaient rapporté des nominations; le Conseil d'État admit ces pourvois, mais en relevant cette circonstance de fait que la radiation avait eu lieu *après la réception* dans l'Ordre.

Puisque la question lui avait jadis été soumise, nous croyons qu'en constatant que la réception était intervenue, le Conseil d'État a bien entendu attacher à cette formalité l'importance qu'y attache la Grande Chancellerie elle-même, et qu'il a voulu confirmer la jurisprudence de cette dernière (1).

Ajoutons que pratiquement, la Grande Chancellerie a su tirer, notamment avant la loi de 1895, un certain parti de cette distinction entre la nomination et la réception dans l'Ordre. Voici dans quelles circonstances : Un ministre accordait une décoration qui paraissait au *Journal officiel*, mais avant que la réception ait eu lieu, il était informé que son choix était tombé sur une personne indigne. Qu'allait-il faire ? D'un côté, il répugnait personnellement à rapporter le décret de nomination, ce qui eut été reconnaître qu'il s'était gravement trompé. De l'autre, il ne pouvait s'adresser au Conseil de l'Ordre pour faire opérer la radiation, car le pouvoir dis-

(1) En ce sens : Levavasseur de Précourt, dans la *Revue critique de législation et de jurisprudence,* 1877, p. 310.

ciplinaire du Conseil ne s'applique qu'aux légionnaires, et on ne devient légionnaire qu'après la réception.

Voici comment la Grande Chancellerie venait à bout de cette situation délicate. Comme c'est à elle qu'est confié le soin de procéder à la réception, elle opposait tout simplement au nouveau candidat la force d'inertie, elle ne prenait pas l'initiative de sa réception. Cette attitude suffisait à lui donner l'éveil. Craignant que sur son insistance, le ministre ne se décide à retirer ouvertement le décret de nomination et qu'il ne se produise du scandale, le plus souvent il s'abstenait de demander sa réception et l'affaire en restait là.

Supposons maintenant que la réception a eu lieu, un légionnaire pourrait-il être rayé de l'Ordre à raison de l'erreur qui aurait été commise dans l'appréciation de ses titres à la décoration ? La question s'est posée notamment à la suite de la guerre de 1870. Parmi les légionnaires décorés pour faits de guerre, il s'en est trouvé, comme on l'établit dans la suite, qui par leurs antécédents auraient dû demeurer à jamais indignes d'une si haute récompense.

Des enquêtes ayant été faites par le Conseil de l'Ordre avaient abouti à faire rapporter plusieurs décrets de nomination.

Le Conseil d'État devant lequel des pourvois furent formés, ne consacra pas la théorie du Conseil de l'Ordre. Il considéra que, la radiation des cadres de la

Légion d'honneur ne pouvait être effectuée que dans certains cas limitativement déterminés par les textes, et qu'aucun de ces textes ne se référait à la possibilité de révoquer une nomination, à raison de l'erreur qui aurait été commise dans l'appréciation des titres à la décoration.

Cette théorie, qui est parfaitement conforme aux principes, peut, de plus, être renforcée par cette considération importante, qu'il vaut mieux souffrir d'une erreur isolée qui aura fait entrer dans l'Ordre un membre indigne que de reconnaître la possibilité de mettre en cause toutes les décorations.

A l'occasion de chaque changement législatif en matière disciplinaire, s'est posée la question de savoir, si la loi nouvelle pouvait s'appliquer à des faits, qui se seraient produits antérieurement à sa promulgation et qui n'étaient pas punissables sous l'empire de la loi ancienne ; en d'autres termes, le principe de la non-rétroactivité des lois et des peines est-il applicable aux mesures disciplinaires ?

Cette question est vivement controversée en doctrine et en jurisprudence ; la Cour de cassation, statuant en matière de discipline judiciaire, n'admet pas l'application de ce principe, tandis que le Conseil d'État le consacre, au contraire, dans un arrêt assez récent.

Dans un arrêt du 9 novembre 1852, rendu toutes Chambres réunies, la Cour de cassation a jugé que

« l'action en discipline pouvant s'exercer pour des faits qui ne sont ni qualifiés ni prévus par les lois pénales, diffère essentiellement de l'action publique et ne peut être restreinte par des règles qui lui sont étrangères ; que les mesures qui en sont la suite *ne sont pas de véritables peines*, mais des moyens institués pour maintenir, par des raisons d'ordre et d'intérêt publics, l'autorité morale et le respect du corps auquel appartient le fonctionnaire poursuivi disciplinairement ; qu'elles s'attachent moins aux faits eux-mêmes qu'aux conséquences de ces faits sur la considération du fonctionnaire et sur la dignité du corps dont il est membre, c'est-à-dire à cet effet moral qui, à la différence du fait dont il découle, a un caractère successif et permanent. »

Le Conseil d'État semble pourtant avoir adopté cette doctrine dans un arrêt du 26 janvier 1877 (1). En effet, il jugea dans cet arrêt que, des faits antérieurs au décret du 14 avril 1874 pouvaient cependant être poursuivis par application de ce décret, attendu « qu'ils présentaient un caractère successif et que leurs effets s'étaient continués postérieurement au décret précité ».

Mais il ne s'en tint pas à cette jurisprudence, et, dans un arrêt du 13 mai 1881, il écartait la théorie de la Cour de cassation qui lui était présentée par le Commissaire du Gouvernement et concluait à l'application du principe de non-rétroactivité des lois. « Considérant

(1) S. 79, 2, 64.

que les faits incriminés remontent à 1870, ils sont antérieurs à la loi du 25 juillet 1873 et au décret du 14 avril 1874, *lesquels ne sauraient avoir d'effet rétroactif*, annule... (1). »

Malgré les termes formels de cet arrêt, nous pensons cependant qu'il ne peut être considéré comme fixant définitivement la jurisprudence. En effet, nous verrons bientôt en étudiant les effets de la grâce sur les mesures disciplinaires qu'un avis du Conseil d'État du 4 août 1892 est venu déclarer, que les mesures disciplinaires, à raison de leur nature et de leur objet, ne constituent pas des peines.

N'est-ce pas là, de la part du Conseil d'État, un retour pur et simple à la théorie de la Cour de cassation qu'il avait déjà consacrée en 1877, mais écartée en 1881 ? Nous le croyons.

Du reste, entre ces deux théories nous inclinons nettement en faveur de celle de la Cour de cassation. Tandis, en effet, qu'en matière pénale ordinaire, les faits incriminés sont, en dehors du cas de récidive, l'objet d'appréciations isolées, en matière de répression disciplinaire, où il s'agit de vérifier s'il y a faute contre l'honneur, le juge doit examiner l'ensemble de toutes les circonstances dans lesquelles les faits se sont produits. Comme le porte encore l'arrêt de la Cour de cassation de 1852 : « Il est dans l'esprit comme dans la

(1) S. 82, 3. 31.

nature des lois ou règlements de discipline de saisir, au moment même de leur émission, le fonctionnaire soumis à leur action et d'avoir leur effet du jour de leur promulgation ; ces textes n'ont en cela aucun caractère de rétroactivité parce que la position du fonctionnaire et les conditions de capacité, de moralité et de dignité nécessaires à l'accomplissement de sa mission étant subordonnées à l'intérêt général, il est du devoir du législateur d'y apporter des changements ou des modifications selon les besoins de la société. »

S'il est une matière où des considérations d'une aussi haute portée morale semblent s'imposer, c'est bien celle de la Légion d'honneur, et nous regrettons que le Conseil d'État n'ait pas admis sur ce point la théorie de la Cour de cassation (1).

(1) En ce sens : Levavasseur de Précourt, *Légion d'honneur et médaille militaire (Revue critique de la législation et de jurisprudence.)*

CHAPITRE VI

DE LA RÉINTÉGRATION DANS LA LÉGION D'HONNEUR

—

Nous avons indiqué les cas dans lesquels les légionnaires pouvaient être exclus de l'Ordre et nous avons montré que pour en arriver à leur appliquer une mesure aussi rigoureuse, il fallait qu'ils eussent commis un manquement grave à l'honneur. Il semble, à priori, que cette déchéance, une fois encourue, soit un acte fatal, sur lequel il est impossible de revenir et la législation disciplinaire spéciale à la Légion d'honneur ne prévoit, en effet, aucun cas de réintégration.

Mais, en matière pénale ordinaire, la société use parfois de clémence ; tantôt elle fait remise de la peine prononcée ; tantôt, allant plus loin encore, elle affecte de considérer en vertu d'une fiction, que la condamnation où le fait délictueux qui l'a motivée disparaissent. Ces actes de clémence appliqués à la condamnation pénale qui a servi de base à la mesure disciplinaire, resteront-ils sans effet, sur cette dernière mesure ? Telle est la question qui nous reste maintenant à étudier.

Nous allons exposer rapidement les principes généraux qui règlent les effets de la grâce, de la réhabilitation et de l'amnistie, et indiquer quelle est la théorie du Conseil de l'Ordre en matière de réintégration.

SECTION PREMIÈRE

DE LA GRACE.

La grâce, c'est la renonciation au droit d'exécuter la peine. Elle supprime, réduit ou commue cette exécution, mais elle ne fait disparaître ni la faute ni la peine.

Quelle sera son influence sur les mesures disciplinaires ?

Tout d'abord, parmi ces mesures, il en est au sujet desquelles la question ne saurait se poser. En effet, la censure et l'avertissement ont pour caractère d'être aussitôt subis que prononcés, à leur égard la grâce serait naturellement inefficace.

Restent la suspension et la radiation.

Supposons une radiation intervenue de plein droit, par exemple, à la suite d'une condamnation criminelle. La dégradation civique, peine infamante et perpétuelle, a été encourue, et avec elle non seulement la perte de la décoration, mais encore la privation du droit d'en porter aucune dans l'avenir. Si la grâce est obtenue, comme elle n'a trait qu'à l'exécution de la peine, elle ne fait pas cesser les effets de la dégradation civique ; le légionnaire continue de demeurer sous le coup des incapacités dont il a été frappé ; il est bien certain qu'il ne peut être réintégré dans la Légion d'honneur.

A une époque, cependant, on faisait une distinction. Elle était fondée sur un avis du Conseil d'État du 18 janvier 1823, qui distinguait entre la grâce accordée avant l'exécution de la peine et celle qui intervient après un commencement d'exécution. Il décidait, qu'en matière criminelle, le jugement ne peut produire d'effets avant l'exécution et que lorsque la grâce a précédé l'exécution, les incapacités légales ne sont pas encourues. Mais le texte de l'article 28 du Code pénal, remanié en 1832, postérieurement par conséquent à l'avis du Conseil d'État, est rédigé d'une manière qui ne permet plus de poser la question des effets de la grâce intervenue avant l'exécution de la peine. Aux termes de cet article *in fine*, la dégradation civique sera encourue du jour où la condamnation sera devenue irrévocable. L'exécution de la peine commence donc au moment où la condamnation est devenue définitive (1).

Il en sera de même pour les suspensions de plein droit qui résultent, par exemple, de l'envoi d'un mili-

(1) En ce sens : C. d'État, 4 nov. 1873 et 31 mars 1882.

taire dans une compagnie de discipline. Pendant la durée de la punition, une grâce spéciale à la Légion d'honneur ne saurait permettre au militaire puni de reprendre sa décoration. C'est ainsi également qu'un légionnaire failli, suspendu de plein droit, ne pourra être réintégré dans l'Ordre qu'après sa réhabilitation.

Mais si la radiation et la suspension ne peuvent faire l'objet d'une mesure de grâce, quand elles ont été encourues de plein droit, le Conseil de l'Ordre a pensé qu'il en était autrement quand elles étaient prononcées par le Président de la République en vertu de son pouvoir d'appréciation. Il a estimé que le chef de l'État pouvait effacer une radiation ou réduire la durée d'une suspension, comme il peut commuer la peine de mort et diminuer la rigueur et la durée des travaux forcés ou de l'emprisonnement.

Mais pour que la grâce puisse leur être appliquée, il faudrait que les mesures disciplinaires fussent, à proprement parler, des peines.

Or, nous avons déjà cité à cet égard l'arrêt de la Cour de cassation toutes Chambres réunies du 9 novembre 1852 et l'avis du Conseil d'État du 4 août 1892. Ce dernier est conçu en ces termes : « Considérant que la grâce est la rémission des peines établies par la loi et prononcées par les tribunaux chargés d'appliquer ces peines ; considérant que les mesures disciplinaires édictées pour la répression de fautes professionnelles à raison de leur nature et de leur objet ne constituent pas des peines..... qu'ainsi elles ne sont pas susceptibles d'être remises par l'exercice du droit de grâce..... »

Sans doute, ni l'arrêt de la Cour de cassation ni l'avis du Conseil d'État que nous reproduisons ne sont relatifs à une question de discipline en matière de Légion d'honneur, le premier statue en matière de discipline judiciaire et le deuxième a été pris en matière d'enseignement ; mais comme aucun texte ne règle la question des effets de la grâce sur les mesures disciplinaires prises contre des légionnaires, nous croyons devoir accepter par analogie la jurisprudence que nous venons de signaler.

Du reste, le Conseil de l'Ordre lui-même, bien qu'il admette en principe que la grâce puisse effacer une radiation de l'Ordre, n'opère de semblables réintégrations, comme nous le verrons bientôt, qu'avec la plus grande circonspection.

SECTION II

DE LA RÉHABILITATION.

Aux termes du nouvel article 634 (rédaction de la loi du 14 août 1885), « la réhabilitation efface la condamnation et fait cesser pour l'avenir toutes les incapacités qui en résultaient ».

Quel sera l'effet de cette mesure sur la radiation intervenue soit de plein droit à la suite de condamnations criminelles, soit en vertu du pouvoir d'appréciation du chef de l'État.

La question a été posée au Conseil d'État en 1885, mais à une époque où la loi nouvelle n'était pas encore votée. Nous allons indiquer la solution qui lui fut donnée sous l'empire de l'article 634 ancien et nous nous demanderons ce qu'il faut décider sous l'empire de la loi nouvelle.

Un sieur D..., officier de la Légion d'honneur, avait été condamné par le Tribunal correctionnel de la Seine à trois mois de prison pour outrage publique à la pudeur. Il avait été rayé des cadres, puis avait obtenu sa réhabilitation. En conséquence, il demandait à être réintégré sur les matricules de l'Ordre, la réhabilitation dont il avait été l'objet devant lui rendre tous ses droits, prérogatives, honneurs et distinctions.

Sa demande ayant été rejetée, il forma un pourvoi devant le Conseil d'État (1).

Dans l'espèce, une difficulté se présenta sur le point de savoir si la radiation avait eu lieu de plein droit ou à la suite de l'exercice du pouvoir disciplinaire spécial à la Légion d'honneur.

Le Commissaire du Gouvernement soutenait qu'elle avait été encourue de plein droit en vertu d'une théorie

(1) S. 86, 3, 53.

que nous avons déjà exposée et d'après laquelle, toutes les fois que les tribunaux jugeant correctionnellement frappent le condamné d'une privation totale ou partielle des droits politiques, ce condamné perdant ainsi la qualité de citoyen français se trouverait en même temps et de plein droit déchu de la qualité de membre de la Légion d'honneur par application de l'article 38 du décret du 16 mars 1852.

Nous avons indiqué que nous ne partagions pas cette manière de voir. Nous sommes ici, en effet, en présence d'une condamnation correctionnelle ; or, nous savons qu'en cette matière, l'article 46 du décret du 16 mars 1852 attribue au chef de l'État un pouvoir d'appréciation qui ne comporte aucune limitation. Du reste, le Conseil d'État semble s'être prononcé très nettement en faveur de la théorie que nous soutenons, puisque dans son arrêt il ne vise que l'article 46, sans parler aucunement de l'article 38.

Admettons cependant pour l'instant, avec le Commissaire du Gouvernement, que, dans l'espèce, la radiation avait eu lieu de plein droit, et voyons la solution qu'il propose.

Il remarque tout d'abord que, malgré la généralité des termes de l'article 634 (ancien) (1), la réhabilitation n'empêche pas la condamnation de produire encore

(1) Article 634, ancien : « La réhabilitation fait cesser pour l'avenir, dans la personne du condamné, toutes les incapacités qui résultaient de la condamnation. »

certains effets. C'est ainsi, notamment, que le § 2 de l'article 634 lui-même prévoit certaines interdictions prononcées par l'article 612 du Code de commerce qui sont maintenues.

Enfin et surtout, le réhabilité qui commet un nouveau crime ou délit se trouve en état de récidive.

Il cite un jugement du tribunal de Toulon qui a décidé que, la réhabilitation accordée à un officier ministériel destitué, avait seulement pour effet de lui rendre pour l'avenir la possibilité d'exercer ses fonctions s'il était de nouveau nommé, mais non de le rétablir *ipso facto* dans celles-ci, alors qu'il n'avait pas encore été pourvu à son remplacement.

Comparant l'amnistie, la grâce et la réhabilitation, il ajoute : « On peut dire que l'amnistie anéantit le délit, que la grâce fait disparaître la peine, mais que la réhabilitation ne fait disparaître ni le délit, ni la peine, ni même le jugement, mais seulement certaines conséquences de ce jugement.

Il conclut alors, au point de vue spécial de la Légion d'honneur, que la radiation, quand elle est un des effets de la condamnation (radiation de plein droit), ne peut être effacée par la réhabilitation pour deux raisons : parce que la radiation est une véritable peine et que seules et pour l'avenir seulement, les incapacités sont effacées par la réhabilitation. Tout ce qui s'est passé jusqu'au jour où elle intervient, reste irrévocable et cela doit s'appliquer à un événement en quelque sorte matériel, comme celui de la radiation des cadres de la Légion d'honneur. »

Le Conseil d'État consacra cette théorie et le sieur D... ne fut pas réintégré.

Mais si telle pouvait être la solution sous l'empire de l'ancien article 634, que décider sous l'empire du nouveau texte? Celui-ci contient, en effet, une innovation capitale : « la réhabilitation efface la condamnation ». Celle-ci n'existera plus, il n'en sera plus fait mention au casier judiciaire et si une nouvelle peine est encourue, il n'y aura pas récidive. La réhabilitation n'est plus une faveur pour le condamné, elle est devenue un droit.

Si la condamnation tombe, tout ce qui en dérive, doit tomber avec elle, et notamment la radiation encourue de plein droit, qui n'aurait plus de raison d'être une fois la condamnation supprimée. Le bénéficiaire de la réhabilitation est placé dans la situation antérieure à la faute, avec tous les avantages susceptibles d'être reconstitués à son profit sans empiéter sur les droits qui ont pu être acquis définitivement aux tiers dans l'intervalle.

Nous aboutissons ainsi à la même conclusion qu'en matière d'amnistie comme nous le verrons bientôt. Or, si l'on compare ces deux mesures, la faveur ne devrait-elle pas être pour la réhabilitation ? L'amnistie, en effet, ne s'inspire nullement de la considération des personnes, elle est un acte de pur intérêt politique. Elle n'est point une récompense accordée à la bonne conduite, méritée par de longues et difficiles épreuves, elle peut tomber sur les sujets les moins dignes et les moins repentants.

Si nous nous plaçons maintenant dans l'hypothèse d'une radiation intervenue à la suite d'une condamnation correctionnelle, quelle sera notre solution ?

Ici la radiation ne procède plus directement de la condamnation, elle a bien été provoquée par le jugement qui en est la cause première, mais elle n'en est pas une suite directe. Elle est une mesure disciplinaire, émanant d'une autorité distincte du pouvoir judiciaire et ayant son existence propre. Par conséquent la suppression de la condamnation ne saurait la toucher directement. Pour en obtenir la remise, il faudra nécessairement s'adresser à l'autorité qui l'a prononcée.

Mais une objection peut nous être faite ; en admettant les deux solutions énoncées, nous en arrivons à cette conséquence regrettable, que lorsque la radiation a lieu de plein droit, c'est-à-dire dans les cas les plus graves, la réintégration dans l'Ordre s'opère aussi de plein droit en vertu de la réhabilitation, et qu'au contraire en matière de radiation à la suite de condamnations correctionnelles, elle peut ne pas être accordée.

Il y a certainement là une anomalie, mais elle résulte des textes et nous ne saurions les éluder.

SECTION III

AMNISTIE.

L'amnistie est une mesure politique prise dans un but d'apaisement. Elle emporte avec elle l'abolition des délits qui en sont l'objet et des condamnations qui auraient été prononcées.

Demandons-nous quels seront les effets de l'amnistie sur les mesures disciplinaires ? La question a été posée plusieurs fois en jurisprudence, nous allons successivement étudier plusieurs espèces.

Dans une première affaire jugée par la Cour de Paris le 25 août 1881 (1), il s'agissait d'un légionnaire condamné à une peine correctionnelle. La mesure disciplinaire prononcée contre lui l'avait donc été en vertu de l'article 46 du décret du 16 mars 1852. Nous devons faire ici le même raisonnement qu'en matière de grâce et de réhabilitation. C'est, en effet, en vertu d'une véritable instance disciplinaire, d'une décision distincte de la condamnation pénale que la radiation avait été prononcée, l'amnistie qui efface tout ce qu'a produit la condamnation, mais rien que cela, doit demeurer inopérante

(1) S. 82, 2, 73.

quant aux mesures disciplinaires qui ont pu être prises (1).

Aussi, dans l'arrêt que nous citons, la Cour de Paris a-t-elle jugé : « Que les lois d'amnistie intervenues postérieurement à la radiation n'ont d'autre effet que de relever les amnistiés des incapacités civiles et politiques résultant des condamnations prononcées, qu'elles ne sauraient infirmer un décret relatif à une distinction honorifique rendu régulièrement par le chef de l'État sur la proposition du grand chancelier. »

Après avoir ainsi examiné le cas le plus simple, passons au cas où la radiation a été encourue de plein droit, la jurisprudence du Conseil d'État nous en fournit une espèce dans un arrêt du 13 mai 1881 (2). Le sieur B. avait été condamné le 2 septembre 1871 à la peine de mort, par un conseil de guerre, pour usurpation des fonctions de commandant de place et de chef de la division militaire à Marseille pendant la Commune. Sa peine avait déjà été commuée en celle du bannissement, quand il bénéficia de l'amnistie accordée par la loi du 3 mars 1879. Réintégré dans l'armée avec son ancien grade, le sieur B. demanda au grand chancelier de faire procéder à la liquidation de la pension à laquelle il prétendait avoir droit, en qualité de légionnaire militaire,

(1) C'est notamment la solution admise quant à l'action en dommages-intérêts à laquelle le fait amnistié a pu donner naissance. Cass. 20 juillet 1878.

(2) S. 82, 3, 31.

puisque l'amnistie effaçait, selon lui, la radiation prononcée et le replaçait sur les matricules de l'Ordre. Le chef de l'État, après avis du Conseil de l'Ordre, refusa de le réintégrer, le Conseil d'État, au contraire, fit droit à sa demande. « Considérant que B. a été par application de la loi du 3 mars 1879, et dans le délai prévu par la dite loi, l'objet d'une mesure spéciale de grâce qui lui a conféré sans réserve le bénéfice de l'amnistie ; que par l'effet de cette amnistie il a été rétabli dans l'entier exercice de ses droits civils et politiques et que conformément aux dispositions expresses des articles 38 et 39 du décret organique du 16 mars 1852, il y a lieu de décider qu'il a recouvré l'exercice des droits et prérogatives attachés à sa qualité de membre de la Légion d'honneur... »

Cette jurisprudence nous semble absolument conforme aux principes. En effet, par suite de l'amnistie, la condamnation n'existe plus, le jugement est censé n'avoir jamais été rendu, il doit être considéré par suite comme n'ayant jamais été mis sous les yeux du Conseil de l'Ordre, ni mentionné sur les registres de la Grande Chancellerie. La fiction légale qui s'attache à l'amnistie permet de considérer que la qualité de légionnaire n'a jamais été perdue.

On a cependant critiqué cette solution du Conseil d'État, en se fondant sur une prétendue présomption d'indignité qui serait encourue à la suite des condamnations faisant perdre la qualité de Français ; ce serait en vertu de cette présomption et non en vertu de la condamnation que la radiation serait prononcée.

On ajoute que lorsqu'une peine infamante est prononcée contre un légionnaire, le président des assises ou du Conseil de guerre, aussitôt après la lecture du jugement, s'exprime ainsi : « Vous avez manqué à l'honneur, je déclare, au nom de la Légion, que vous avez cessé d'en être membre. » On remarque que dans cette formule la peine n'est pas mentionnée, c'est là, dit-on, la preuve que la radiation ne dépend pas de la condamnation, mais de la simple constatation du fait contraire à l'honneur. Par conséquent, la condamnation peut disparaître par l'amnistie, mais le fait contraire à l'honneur une fois constaté, l'est d'une façon irrévocable (1).

Nous repoussons cette opinion, qui fait, au point de vue de l'application de l'amnistie, une distinction injustifiable entre la condamnation et la constatation du fait contraire à l'honneur ; si ce fait a pu être établi, ce ne peut être que grâce à la condamnation, or, l'amnistie qui vient effacer cette dernière effacera par là-même fatalement le fait lui-même.

Reste une objection plus grave, celle que nous avons déjà relevée en matière de réhabilitation, à savoir que c'est précisément après l'amnistie accordée pour les peines les plus graves que le bienfait de la réintégra-

(1) D. P. 82, III, 97. V. la note.

tion s'opère de plein droit, alors que pour les peines moins graves il peut être refusé.

Voici comment, en pratique, le Conseil de l'Ordre fait disparaître cette anomalie. Étant donné le but pour lequel a été créée la discipline de la Légion d'honneur, le Conseil se croit autorisé à ne pas suivre en matière de réintégration toutes les conséquences des principes généraux que nous venons d'exposer. Si l'intérêt bien entendu de la société peut la porter parfois à la clémence et à l'oubli, l'intérêt de la Légion d'honneur semble lui faire au contraire un devoir impérieux d'interdire de nouveau son accès à tout membre qui en a été exclu pour un manquement à l'honneur; c'est à ce seul prix qu'elle sera entourée de la considération qui lui est indispensable.

Aussi le Conseil de l'Ordre ne s'est-il pas résigné à admettre que, sans tenir compte de la nature et des circonstances du crime ou du délit qui ont entraîné la dégradation, la décoration de la Légion d'honneur puisse être rendue de plein droit en vertu de la réhabilitation. Il se fonde sur cette idée que, la fiction par laquelle la réhabilitation efface la condamnation, ne prévaut pas contre les faits matériels; qu'elle n'empêche pas la condamnation d'avoir été prononcée et subie et qu'elle ne peut pas plus rendre à l'ex-légionnaire sa décoration, qu'au fonctionnaire destitué l'emploi dont il a été privé. Il estime que « la réhabilitation restitue seulement l'aptitude à être de nouveau décoré et qu'elle est un titre, et même un titre considérable à une mesure de clémence, mais qu'elle ne produit pas la réhabilitation de plein droit » (1).

De même en matière d'amnistie, le Conseil de l'Ordre a vivement résisté à admettre la réintégration de plein droit dans la Légion d'honneur, précisément à cause du caractère de généralité des lois d'amnistie. Se fondant sur la loi du 25 juillet 1873 et sur le décret du 14 avril 1874, il a considéré que le fait couvert par l'amnistie, dépouillé par elle de son caractère délictueux, pouvait être de la part du Conseil l'objet d'un examen spécial au point de vue de l'honneur.

Cependant nous croyons que cette application inattendue de la loi de 1873 ne saurait se justifier en droit.

Dans l'arrêt du 13 mai 1881 que nous avons cité plus haut, le Conseil d'État, eut à examiner la question, mais comme il s'agissait de faits antérieurs à 1874, il jugea que l'application du décret du 14 avril 1874, ne pouvait être faite à cause du principe de non rétroactivité des lois. Elle reste donc entière.

Indépendamment du danger très réel qu'il peut y avoir pour le Conseil de l'Ordre à user d'un pouvoir dont l'exercice est aussi délicat, nous croyons avec M. Esmein (2), que les principes s'opposent formellement à cette application. Dans quel but a été organisée

(1) Comparer Aucoc, *La discipline de la Légion d'honneur et le contrôle des nominations*, 1890, p. 23.

(2) Note sur l'arrêt du 25 août 1881. S. 82, 2, 73.

l'action disciplinaire que règle le décret de 1874? Dans le but de poursuivre des actes contraires à l'honneur qui ne tombant pas sous l'application des lois pénales, se trouveraient à l'abri de toute sanction. Ce n'est ici nullement le cas.

Non seulement nous sommes en présence de faits susceptibles d'être poursuivis en justice, mais de faits à l'occasion desquels une poursuite a été intentée et a suivi son cours régulier. Il ne saurait donc être question d'appliquer le décret de 1874.

Cependant tous ces efforts montrent à quel point le Conseil de l'Ordre est soucieux de conserver le prestige de l'Ordre et nous devons ici lui en rendre hommage. Il considère, en principe qu'on ne peut rentrer dans la Légion d'honneur après en être sorti, que s'il s'est produit des faits nouveaux qui rendent digne une seconde fois de cette récompense.

CONCLUSION

Si la Légion d'honneur n'a pas porté atteinte à l'égalité, ni restauré une aristocratie nouvelle, comme le craignaient les orateurs du Conseil d'État et du Tribunat, elle n'en a pas moins, depuis la chute du Premier Empire, donné naissance à de nombreux abus. La Légion d'honneur, qui n'aurait dû être ouverte qu'aux citoyens d'un mérite éprouvé, l'a été aussi malheureusement trop souvent à des membres indignes, grâce à la faveur et à l'intrigue. Les scandales qui en sont résultés ont toujours été très grands, car, indépendamment de la surprise légitime que cause toute déchéance quand elle vient de personnes occupant un rang élevé, l'opinion publique, irritée peut-être de quelques nominations qu'elle désapprouvait, s'est montrée particulièrement frondeuse à l'égard de la Légion d'honneur.

Nous avons vu, quelle avait été l'œuvre de la législation moderne, pour prévenir le retour de semblables scandales et nous avons montré qu'elle avait abouti à une augmentation notable des pouvoirs du Conseil de l'Ordre, notamment quant au contrôle des nominations et quant à la discipline.

On a prétendu, récemment encore, que ces innovations demeuraient insuffisantes, et l'on a proposé un remède beaucoup plus radical, qui consisterait à supprimer purement et simplement la Légion d'honneur dans l'ordre civil. Ce système, que préconisait déjà Thibaudeau au Conseil d'État, lors du vote de la loi du 29 floréal an X, fut aussi celui qu'adopta le gouvernement de la Défense nationale.

Le législateur de 1873 auquel il avait été proposé, ne s'y arrêta pas.

Ce système est surtout fondé sur la difficulté d'appréciation des mérites civils, qui, laissant plus de place à l'erreur, est, par cela même, de nature à compromettre plus souvent le crédit et la dignité de l'Ordre.

La statistique montre, du reste, que cette observation est parfaitement justifiée. Nous avons dit plus haut, que le nombre des légionnaires civils était de beaucoup inférieur à celui des légionnaires militaires ; or, si nous consultons la statistique des radiations survenues de 1879 à 1890 à la suite de condamnations; nous en trouvons 192 dans l'ordre civil, alors qu'il n'y en a que 24 dans l'ordre militaire.

Si nous passons maintenant aux radiations survenues à la suite de faits portant atteinte à l'honneur, nous voyons au contraire qu'elles sont plus nombreuses pour les légionnaires militaires (55), que pour les légionnaires civils (18). Si la proportion est ici renversée, cela tient uniquement à ce que les officiers et soldats sont soumis dans leurs corps à une discipline sévère qui permet de constater plus facilement les manquements à l'honneur.

Il semble donc certain que le crédit de la Légion d'honneur est moins exposé du chef des légionnaires militaires que du chef des légionnaires civils, à la fois parce que le contrôle des nominations est pour eux plus rigoureux et que la discipline s'exerçant à un double degré est beaucoup plus stricte.

En résulte-t-il, qu'il faille supprimer la Légion d'honneur dans l'Ordre civil?

Nous pensons, que c'est s'attaquer au but même de notre institution, que de proposer cette suppression. La Légion d'honneur a été instituée à une époque de guerres continuelles, où l'importance des services militaires aurait pu paraître prépondérante, et cependant, à cette époque, on a cru indispensable de récompenser aussi les services civils.

Le Premier Consul a exprimé son opinion à cet égard avec une franchise toute particulière à la séance du Conseil d'État du 4 mai 1802 (19 floréal an X) : « Nous sommes trente millions d'hommes réunis par les lumières, la propriété, le commerce, trois ou quatre cent mille militaires ne sont rien auprès de cette masse. Les soldats eux-mêmes ne sont que les enfants des citoyens. L'armée, c'est la nation. Si l'on distinguait les hommes en militaires et en civils, on établirait deux ordres, tandis qu'il n'y a qu'une nation. Si l'on ne décernait des honneurs qu'aux militaires, cette préférence serait encore pire, car, dès lors, la nation ne serait plus rien..... »

Nous croyons, en effet, que ce serait rapetisser singulièrement la portée d'une récompense nationale telle que la Légion d'honneur que de ne l'attribuer qu'aux militaires. Sans doute, la patrie doit récompenser ceux qui font le sacrifice de leur vie sur un champ de bataille pour la défendre, mais ne faut-il pas remarquer même à ce premier point de vue, qu'à cause des modifications qu'a subies l'art de la guerre, le courage individuel serait impuissant pour cette défense, si la science ne lui était venue en aide ? S'il en est ainsi, sera-t-il juste de récompenser le soldat et d'ignorer les services du savant.

De plus, la patrie n'est pas toujours en danger. Or, pendant les périodes de paix, ne sont-ce pas précisément les savants, les artistes, ceux qui créent des perfectionnements dans l'industrie, comme ceux qui créent au commerce des débouchés nouveaux, qui en augmentant le bien-être de la société, méritent surtout sa reconnaissance.

Tout ce que peut prouver la statistique, c'est que l'attribution des décorations est beaucoup plus délicate dans l'ordre civil que dans l'ordre militaire. C'était au législateur à tenir compte de cette situation. Nous estimons qu'il l'a fait dans les lois du 25 juillet 1873 et du 16 avril 1895, qui établissent à cet égard des garanties pleinement rassurantes pour l'avenir.

Nous ne pourrions mieux terminer qu'en citant à cette place le jugement que Thiers portait sur la Légion d'honneur, vers le milieu de ce siècle, dans son histoire du Consulat et de l'Empire.

« La Légion d'honneur ne compte guère plus de quarante ans d'existence et elle est déjà consacrée comme si elle avait traversé des siècles, tant elle est devenue, dans ces quarante ans, la récompense de l'héroïsme, des services, du mérite en tout genre.

Le temps, juge des institutions, a donc prononcé sur l'utilité et la dignité de celle-ci. Laissons de côté l'abus qui a pu être fait quelquefois d'une telle récompense, à travers les divers régimes qui se sont succédés, abus inhérent à toute récompense donnée par des hommes à d'autres hommes, et, reconnaissons ce qu'avait de beau, de profond, de nouveau dans le monde, une institution tendant à placer sur la poitrine du simple soldat, du savant modeste, la même décoration qui devait figurer sur la poitrine du chef d'armée, des princes, des rois. Reconnaissons que cette création d'une distinction honorifique était le triomphe le plus éclatant de l'égalité même, non de celle qui égalise les hommes en les abaissant, mais de celle qui égalise en les élevant. »

Approuvé :

Le Président de la thèse,

PILLET.

Vu :

Par le Doyen,

GLASSON.

Vu et permis d'imprimer :

Le Vice-Recteur de l'Académie de Paris,

GRÉARD.

BIBLIOTHÈQUE NATIONALE RF IMPRIMÉS

BIBLIOGRAPHIE

D'Amade. — Légion d'honneur, médailles militaire ou commémoratives, décorations et ordres étrangers.

Aucoc. — La discipline de la Légion d'honneur et le contrôle des nominations. (Académie des sciences morales et politiques, 1890.)

— La discipline de la Légion d'honneur. Revue politique et parlementaire, 1895, page 201 à 222.

Bataille. — L'affaire des décorations (1887-1888).

Delarbre. — La Légion d'honneur : — Histoire — Organisation — Administration.

Levavasseur de Précourt. — Légion d'honneur et médaille militaire. Revue critique de législation et de jurisprudence, 1877, p. 305 et suiv.

Mazas. — Mémoires pour servir à l'histoire de France de 1802 à 1815. La Légion d'honneur : son institution, sa splendeur, ses curiosités.

Pandectes. — Répertoire au mot Décoration.

Soulajon. — Les cohortes de la Légion d'honneur.

Sirey. — Répertoire au mot Légion d'honneur.

TABLE DES MATIÈRES

CHAPITRE IV

Discipline de la Légion d'honneur.

CHAPITRE V

CHAPITRE VI

GRANDE IMPRIMERIE DE BLOIS, 2, RUE HAUTE. — 5169

BIBLIOTHÈQUE NATIONALE IMPRIMÉS

www.ingramcontent.com/pod-product-compliance
Ingram Content Group UK Ltd.
Pitfield, Milton Keynes, MK11 3LW, UK
UKHW020334230726
13925UKWH00002B/797